Wendelin Fleischli

Die Spur zum Urevangelium

Wendelin Fleischli

Die Spur zum Urevangelium

Das Markusevangelium, eine Reaktion auf die Trennung der Kirche vom Judentum

Fromm Verlag

Cover image: www.ingimage.com

Publisher:
Fromm Verlag
is a trademark of
Dodo Books Indian Ocean Ltd. and OmniScriptum S.R.L publishing group

120 High Road, East Finchley, London, N2 9ED, United Kingdom
Str. Armeneasca 28/1, office 1, Chisinau MD-2012, Republic of Moldova, Europe
Managing Directors: Ieva Konstantinova, Victoria Ursu
info@omniscriptum.com

Printed at: see last page
ISBN: 978-3-8416-0951-9

Inhalt

I. Voraussetzungen für den Rekonstruktionsversuch eines Ur-Evangeliums[1]

Was wird nun der Herr des Weinbergs tun? Er wird kommen und die Winzer töten und den Weinberg andern geben.

Mk 12,9

1. Judentum und junge Kirche als ein Gegenüber

Gott wird die Berufung und die Fürsorge, die Israel galt, andern geben. Auf diese Weise lässt der Evangelist Markus die Bild-Rede von den bösen Winzern enden. Das weist auf die vollzogene Trennung der Kirche vom Judentum hin.[2] Eine Reaktion auf diese Trennung zeigt sich auch in der pauschalen und grundlegenden Disqualifikation von jüdischen Autoritäten, die in diesem Evangelium anhebt, um dann im Matthäus-Evangelium voll zum Durchbruch zu kommen. Da wird das Judentum als ein Gegenüber zur Kirche angesprochen. Gleich beim ersten öffentlichen Auftreten Jesu in der Synagoge von Kafarnaum werden die Schriftgelehrten im Markus-Evangelium programmatisch zu solchen abgewertet, die ohne Vollmacht lehren. Pauschal werden sie

[1] Zu dieser essayistischen Arbeit haben mich, Theologen und Nicht-Bibelwissenschaftler, neben meiner persönlichen Auseinandersetzung mit der Bibel vor allem zwei Seiten angeregt: Zum Einen die zwei Bücher „Der historische Jesus" von Gerd Theissen und Annette Merz und „Jesus von Nazaret in seiner Zeit" von Martin Ebner und andererseits meine Jahre in der Ordensgemeinschaft der „Kleinen Brüder Jesu", die dem Zimmermanns-Sohn von Nazaret verpflichtet ist.

[2] Dies ist nicht die ursprüngliche Version dieser Bild-Rede, sondern die Überarbeitung des Markus. In Jes 5,1-7 wird Israel als Weinberg Gottes gesehen. In dieses Bild sind jetzt Winzer eingeführt als Verantwortliche für das in sein Land eingepflanzte Volk. Solche Winzer haben einst Propheten misshandelt und wollen nun Jesus töten. Dies geht vom Bild- und Erzähl-Zusammenhang hervor. Es war die ursprüngliche Form und Aussage dieser Bild-Rede, die in etwa so im Logion 65 des Thomas-Evangeliums erhalten ist. Wenn der Weinberg in diesem Sinn andern Winzern gegeben würde, hiesse das, dass Israel nun eine neue Führungsschicht bekäme. Bei Markus sind die Knechte in der Bild-Rede von Propheten in christliche Märtyrer umgedeutet. Es geht darin nicht mehr um einen Gegensatz zwischen Gottes Gesandten und den Autoritäten des Volkes, sondern zwischen Autoritäten des Judentums und Repräsentanten der Kirche. Der von Markus stammende Vers 12,9 will in diesem umgedeuteten Zusammenhang sagen, dass die von jüdischen Autoritäten verfolgte und nun von der Synagoge getrennte Kirche anstelle Israels, also statt des alten Israels, Gottes Weinberg ist.

auch am Ende des Wirkens Jesu in 12,37b-40 als Scheinheilige verunglimpft, vor denen man sich in Acht nehmen sollte.[3]

Diese harsche Reaktion auf die Trennung der Kirche vom Judentum hat gewiss psychologische Gründe. Aber das ist nicht der Kern der Angelegenheit. Die Trennung bedeutete nicht einfach, dass die Kirche jetzt ausserhalb des Judentums stand. Vielmehr wurde der Kirche damit der theologische Boden unter den Füssen weggezogen. Denn die Verheissung des Messias galt Israel, und im Juden Jesus von Nazaret erfüllte sich diese Verheissung. Ausserhalb Israels ergab der Glaube der Kirche keinen Sinn. Von daher ist die geharnischte theologische Reaktion im Gleichnis von den bösen Winzern zu verstehen. Die Kirche musste zu einem neuen Israel werden. Ob damit das traditionelle Israel zugleich enterbt werden musste, ist eine andere Frage.

Das Selbstverständnis der Christen, die aus dem Judentum kamen, geriet in eine Krise und musste sich wandeln in diesem Bruch. Man spricht mit Blick auf die Christen dieser Zeit von Judenchristen und Heidenchristen. Diese Sprechweise entspringt einer innerkirchlichen Sicht und entspricht so gewissermassen den damaligen Verhältnissen. Sie verdeckt aber, dass die Kirche bis etwa zum Jahr 70 Teil des Judentums blieb. Die sogenannten Judenchristen waren bis zu diesem Zeitpunkt eigentlich Juden, die an Jesus glaubten und christliche Gebräuche pflegten. Durch das spezifisch Christliche waren sie aber nicht weniger Juden, denn das Christliche war ja etwas eminent Jüdisches. Von daher gesehen müsste man diese Gruppe bis zum Jahr 70 als Christenjuden bezeichnen. Erst mit der Trennung der Kirche vom Judentum wurde das Christliche zum primären Faktor für ihr Selbstverständnis; erst so wurden sie zu Christen bzw. Judenchristen.

2. Spuren des Umbruchs in der Redaktion durch Markus

Gibt es neben der ausdrücklichen Bezugnahme auf die Trennung der Kirche vom Judentum in der Bild-Rede von den Winzern und der impliziten Bezugnahme darauf in der pauschalen Disqualifikation der jüdischen Autoritäten weitere Hinweise? Damit das Markus-Evangelium als Reaktion auf die Trennung der Kirche vom Judentum erklärbar ist, müssen vor allem Hinweise auf eine entsprechende Redaktion des Markus gefunden werden. Einen haben wir bei der Bild-Rede von den Winzern gesehen. In der vormarkinischen Version stehen die Propheten und Jesus jüdischen Autoritäten gegenüber. Da geht die Trennlinie mitten durch das Judentum. Bei Markus stehen ver-

[3] Beide Stellen lassen sich durchaus als Markus-Redaktion bewerten, wie wir sehen werden.

folgte Christen und Jesus jüdischen Autoritäten gegenüber. Die Trennlinie verläuft da zwischen Juden und Christen.

2.1. Abendmahl und Taufe

Bei der Taufe Jesu und dem Abendmahl, spezifisch christlichen Vollzügen, gibt es Auffälligkeiten. Das letzte Abendmahl wurde wahrscheinlich nicht im Rahmen eines Pascha-Mahles gefeiert. Die vormarkinische Passionsgeschichte wird viel verständlicher, wenn Jesus schon vor diesem Fest verurteilt und hingerichtet wurde. Dazu folgende Hinweise: Die Gegner Jesu wollen ihn vor dem Fest beseitigen. Eine Gerichtsverhandlung am Paschafest wäre ein Verstoss gegen das Feiertagsgebot gewesen. Eine Pascha-Amnestie hat nur einen Sinn, wenn der Freigelassene damit die Chance erhält, noch am Fest teilzunehmen. Simon von Zyrene kommt vom Acker, also von der Arbeit. In Mk 15,42 findet sich eine Datierung der Kreuzigung auf einen „Rüsttag". Die Bezeichnung Pascha als Rüsttag zum folgenden Sabbat ist sehr unwahrscheinlich. Joseph von Arimathäa kauft ein Leinentuch, um Jesus zu begraben. Welcher Händler hätte ihm ein solches an einem so hohen Feiertag verkauft?[4] Verlegte Markus das letzte Abendmahl in das Pascha-Mahl, um daraus das Pascha-Mahl des neuen Israels zu machen?

Ebenso scheint Markus die Geist-Taufe Jesu in die Wasser-Taufe verschoben zu haben. Die Geist-Taufe Jesu war vor Markus wohl die Folge der überwundenen Versuchungen in der Wüste. Darauf weist vor allem der durch das Leben mit den wilden Tieren angedeutete Paradiesfrieden in Mk 1,13 hin, der bei Jes 11,1-8 in Verbindung steht mit der Herabkunft des Heiligen Geistes auf den Messias. Damit hätte Markus die Wasser-Taufe durch eine christliche Taufe mit Wasser-Ritus und Geistgabe ersetzt. Die Geist-Taufe steht so als christliche Taufe nicht mehr neben der Wasser-Taufe sondern ersetzt sie.

2.2. Hebräer und Hellenisten

Der Apostelgeschichte entnehmen wir, dass es in der urchristlichen Gemeinde sogenannte Hebräer und Hellenisten gab. Wegen der tempel-kritischen Einstellung, die in der Rede des Diakons Stephanus, eines Repräsentanten der Hellenisten, zum Ausdruck kommt, wurden vor allem diese aus Jerusalem vertrieben. Für sie bildete sich damit ein neues Zentrum in Antiochia, während für die Hebräer weiterhin Jerusalem das Zentrum blieb. Diese Zweiteilung der Gemeinde war das Abbild der Situation des Judentums, das sich aus Diasporajuden und in Israel lebenden Juden zusammensetzte.

[4] Vgl. Gerd Theissen und Annette Merz, S. 376.

Mit der Trennung vom Judentum musste diese innerjüdische Gegebenheit an Bedeutung verlieren, denn ausserhalb des „heimatlichen Bodens“ wird das Verbindende wichtig und weniger das Unterscheidende.

Im Markus-Evangelium wird die Geschichte von der Brotvermehrung in zwei Fassungen überliefert. Es ist anzunehmen, dass sich beide auf das gleiche Ereignis beziehen. Einmal ist von zwölf Körben die Rede, die mit übriggebliebenen Brotstücken gefüllt wurden und einmal von sieben Körben. Dies lässt die Vermutung zu, dass die Fassung mit den zwölf Körben von den Hebräern überliefert wurde und jene mit den sieben von den Hellenisten. Dass Markus in der Situation des Bruchs mit dem Judentum beide Fassungen in seinem Evangelium zusammenführte, wäre verständlich.[5]

Doppelt überliefert scheint bei Markus auch die Rettung des Bootes mit den Jüngern zu sein. In der Antike galt die Fähigkeit, auf dem Wasser zu gehen, als Zeichen göttlicher Macht.[6] Die Fassung mit dem Seewandel Jesu kann als eine Variante der Hellenisten zur Beruhigung des Sturmes durch das Wort Jesu gesehen werden.

Hebräer und Hellenisten hatten gegensätzliche Einstellungen zum Tempel in Jerusalem. Die Apostel gingen auch nach der Auferstehung Jesu zum Tempel hinauf um zu beten. Der Diakon Stephanus hingegen stellte den Tempel als Haus Gottes absolut in Frage. Gegensätzliche Bewertungen kommen auch im Markus-Evangelium zum Ausdruck. Die Tempelaktion Jesu ist eine Tempelreinigung. Damit ist gesagt, dass der Tempel grundsätzlich seine Berechtigung behält, aber sein Gottesdienst einer Reform bedarf. Die Tempelaktion ist gerahmt von der Verfluchung eines Feigenbaums, der keine Früchte trägt und darum nie mehr Früchte tragen soll. Damit ist gemeint, der Tempel solle seine Sühnefunktion für immer verlieren, weil sein Gottesdienst im Verhalten der Menschen keine Früchte getragen hat. Das ist eine Disqualifikation.[7] Die Verfluchung kommt als Prophezeiung daher und erhält als solche im Prozess gegen Jesu in den falschen Zeugenaussagen zu einem prophetischen Tempelwort in Mk 14,58 und in der Verhöhnung als Prophet in Mk 14,65 und 15,29 ein Echo. Allerdings beinhalten in diesem Wiederhall die Prophezeiungen auch die Ansage der Wieder-Errichtung eines neuen Tempels in drei Tagen. Markus könnte eine Tempelaktion, die

[5] Dagegen kann sich ein Einwand aus dem sprachlichen Befund erheben: Das Markus-Evangelium ist in einem holprigen Griechisch verfasst. Eine ihm vorausgehende von einem Hellenisten geschriebene Fassung muss in einem eleganteren Griechisch formuliert gewesen sein. Dass sich der sprachliche Stil bei der Redaktion des Markus-Evangeliums verschlechtert hat, ist aber nicht unmöglich, wie der Abschnitt zur Redaktion des Markus zeigen wird.

[6] Vgl. Theissen/Merz, S. 268

[7] Martin Ebner sieht in der Tempelreinigung und der Verfluchung des Feigenbaums auch zwei unterschiedliche Bewertungen des Tempels. Vgl. S. 201f.

in einem prophetischen Wort gegen den Tempel wie in Mk 14,58 bestand, in die bildhafte Prophezeiung mit dem Feigenbaum umgestaltet haben, um gleichzeitig die Tempelaktion als Reinigung darstellen zu können. Auf diese Weise wurden beide Haltungen zum Tempel, die der Hellenisten und die der Hebräer, zum Ausdruck gebracht.[8]

Denkbar ist auch, die Verklärung Jesu und die Erscheinung eines Engels im leeren Grab als Schilderungs-Varianten der Erfahrung der Auferstehung zu sehen. Jesus auf dem Berg und der Engel, beide erscheinen in einem weissen Gewand und wirken erschreckend. Es ist immer wieder vermutet worden, dass die Verklärung die Erfahrung der Auferstehung wiedergebe. Man kann in der Verklärung, bei der der auferstandene Jesus in gewandelter menschlicher Gestalt erscheint, das antike Motiv der Metamorphose erkennen. Der Engel, der auf die leere Stelle im Grab zeigt und so auf die Auferstehung hinweist, könnte eine alternative Fassung des Auferstehungsberichts sein. Für die Hebräer war die Darstellung des auferstandenen göttlichen Jesus in einer menschenähnlichen Gestalt wegen des Bilderverbots tabu. Die Hellenisten waren offenbar, wie ihre Bezeichnung das anzeigt, so stark von der griechischen Kultur geprägt, dass sie vor dem Motiv der Metamorphose nicht zurück schreckten. Vielleicht liegt hier die Spur zum Verständnis des eigenartigen Schlusses des Markus-Evangeliums.

2.3. Jesus und Johannes der Täufer

Das Markus-Evangelium hat im Vergleich zu den späteren Synoptikern weniger und scheinbar verkürzte Überlieferungen Johannes den Täufer betreffend. Das ist vorerst erstaunlich. Denn Johannes und seine Bewegung muss vor allem im Bewusstsein der ersten christlichen Generation einen äusserst wichtigen Platz eingenommen haben, als er und die Ereignisse um ihn noch in lebendiger Erinnerung waren. Es wäre zu erwarten, dass mit wachsendem zeitlichem Abstand bei den späteren Evangelisten das Interesse am Täufer abgenommen hätte.

Da kann die Unterscheidung zweier Ebenen einer Redaktion eine Erklärung bieten: Es gibt die Exzerpt-Theorie, die besagt, die Berichte des Markus über Johannes den Täufer und der Aufenthalt Jesu in der Wüste seien Auszüge aus einer grösseren Überliefe-

[8] Auch wenn sich die Prophezeiung in Mk 11,12-14 und deren Erfüllung mit dem Wort zum Glauben in Mk 11,20-25 auf die historische Tempelzerstörung bezieht, unter deren Eindruck Markus steht, dürfte diese Wiedergabe der Prophezeiung nicht nur der historischen Erfüllung geschuldet sein. Das Bild der Unfruchtbarkeit und die Stellen Mk 14,58 bzw. 15,29 mit ihrem Bezug zur Neu-Errichtung des Tempels in drei Tagen legen noch einen andern Zusammenhang nahe: Jesu Auferstehung aus dem Kreuzestod ist der neue Ort der Versöhnung mit Gott. Dieses Verständnis ist unabhängig von der Tempel-Zerstörung und kann vorgängig zu dieser existiert haben. Wohl kam diese Sichtweise in Umlauf, weil die angekündigte Tempelzerstörung nicht eintraf.

rung. Diese Theorie passt zur Annahme, das Markus-Evangelium sei eine Reaktion auf die Trennung der Kirche vom Judentum. Denn damit, dass sich die Kirche Jesu Christi nun vom Judentum losgelöst hat, wird Jesus noch mehr die spezifische Referenz für den Glauben der Kirche, und der Täufer als ein Mann seines historischen Umfeldes verliert an Bedeutung. Bei Markus kommt der Täufer nur noch direkt ins Spiel, wenn es um die Taufe Jesu geht und er für ihn Zeugnis ablegt. Der Inhalt seiner Predigt wird aber nicht mehr wiedergegeben.[9] Im Zusammenhang mit dem Glauben, in Jesus wirkten die Kräfte des wiedererstandenen Johannes, berichtet noch die Hinrichtung des Täufers.

Auf die diesbezüglich viel ausführlichere Überlieferung vor allem bei Lukas gibt dessen Vorwort einen Hinweis. Lukas erwähnt darin Berichte, die sich an die Überlieferung derer halten, die von Anfang an Augenzeugen waren. Und er selber ist dann allem von Grund auf nachgegangen. Wir können diese Aussage auch auf den Bericht über die Zeit vor dem öffentlichen Wirken Jesu beziehen. Verschiedene Indizien deuten darauf hin, dass dieser nicht aus der Feder des Lukas stammt. Sie dreht sich sehr stark um das Verhältnis Jesu zu Johannes. Das ist ausgedrückt durch den sorgfältig parallelisierten Aufbau. Welches Interesse konnte Lukas um das Jahr 80 herum haben, dieses Verhältnis so breit zu entfalten? Die Vorgeschichte, um diese Jahre herum verfasst, wäre ein Anachronismus. Eine wirklich für seine Zeit gemässe Kindheitsgeschichte Jesu schrieb Matthäus. Da wird Jesus, der einem Kindermord entkommt, fliehen muss und dann von Ägypten her nach Israel kommt, zum neuen Mose stilisiert für die Kirche als das neue Israel. Und die drei Weisen aus dem Morgenland repräsentieren die vielen Heiden, die inzwischen zur Kirche gekommen sind.

Ein weiteres Indiz, dass die Vorgeschichte nicht von Lukas selber stammt, ist die Spannung zwischen der theologisch gearteten Darstellung Jesu als Messias und Sohn Gottes einerseits und der historischen Einordnung in die römische Geschichte andererseits. Die Geburt in Betlehem in einem Stall und der Einbezug von Hirten verweisen auf David und kennzeichnen Jesus als Messias, die Jungfrauengeburt als Sohn Gottes. Lukas hatte ein Interesse, diese Vorgeschichte, auch wenn sie theologisch geartet war, in die Geschichte des römischen Reiches einzuordnen. Denn er schreibt für Heidenchristen und skizziert in der Apostelgeschichte, wie sich die Kirche im römischen Reich auszubreiten begann. Das römische Reich ist ein wichtiger Bezugspunkt für sein Doppelwerk. Dass Lukas mehr an den Anfängen und weniger an Johannes selber inte-

[9] Auch den Aufenthalt Jesu in der Wüste, der zu Johannes in Beziehung steht, erwähnt Markus, der am öffentlichen Wirken Jesu interessiert ist, nur summarisch.

ressiert ist, zeigt sich in dessen Abtreten von der Bühne vor der Taufe Jesu und in der Streichung des Berichts über die Hinrichtung.

Zu dem Zeitpunkt, als die erste christliche Generation nicht mehr da war und Lukas sein Doppelwerk verfasste, entstand der Wunsch nach einer vollständigen Überlieferung von Grund auf. Im Moment des Bruches mit dem Judentum wuchs hingegen das Bedürfnis, sich auf das für die eigene Identität Wesentliche zu fokussieren. So ist es gut denkbar, dass das später verfasste Lukas-Evangelium vormarkinische Berichte vollständiger überliefert als das zeitlich vorher entstandene Markus-Evangelium.[10]

3. Rückschlüsse auf eine vormarkinische Schrift

3.1. Jesus und Johannes der Täufer in der vormarkinischen Schrift

Wir können einmal davon ausgehen, dass die lukanische Vorgeschichte einer sehr alten Tradition entstammt, die älter ist als das Markus-Evangelium. Ins Auge sticht ihr durchstrukturierter Aufbau, in dem Ereignisse um Johannes den Täufer und Ereignisse um Jesus einander in Parallelen gegenübergestellt sind und in dem die beiden einander begegnen:

Verheissung der Geburt des Johannes des Täufers trotz Elisabets Unfruchtbarkeit und trotz Unglauben des Zacharias (vgl. Lk 1,5-25)
Verheissung der Geburt Jesu trotz Jungfräulichkeit Marias und deren Glauben (vgl. Lk 1,26-38)

Freudige Begegnung von Johannes und Jesus im Mutterleib mit Lobgesang Marias (vgl. Lk 1,39-56)

Geburt und Beschneidung des Johannes mit prophetischem Gesang über seine Bestimmung und Hinweis auf sein Heranwachsen (vgl. Lk 1,57-80)
Geburtsgeschichte Jesu, die ihn als Messias ausweist, und Beschneidung/Darstellung Jesu im Tempel mit prophetischem Gesang über seine Bestimmung und Hinweis auf sein Heranwachsen (vgl. Lk 2,1-40)

Diese Vorgeschichte mündet in das öffentliche Wirken des Täufers, wo dieser Jesus wieder begegnet und Zeugnis über ihn ablegt. Es gibt bei Lukas und Matthäus einen Abschnitt, in dem der gefangene Täufer seine Jünger mit einer Frage zu Jesus schickt

[10] Das Matthäus-Evangelium kann damit als ein Pendant zum Lukas-Evangelium gesehen werden, verfasst für Judenchristen.

und dieser in der Antwort sein Wirken mit Propheten-Zitaten zusammenfasst und dann Zeugnis für Johannes ablegt. Das ist eine exakte Fortsetzung dieser Parallelisierung. Wie Johannes über Jesus gesagt hat, dass er der grössere sei, sagt nun Jesus über Johannes, dass es unter allen Menschen keinen grösseren gegeben habe als ihn, dass aber der kleinere im Reich Gottes grösser sei als er. Mit diesem gegenseitigen Bezug wird klar, dass mit dem kleineren in dieser Welt Jesus gemeint ist, und es um einen Vergleich zwischen ihnen geht. Denn die Vollmachtfrage nach der Tempelaktion zeigt die grössere Autorität, die Johannes beim Volk genoss, wenn Jesus sich mit seiner Gegenfrage auf ihn bezieht und damit selber unangreifbar macht. Die Parallelisierung scheint im Bericht über Haft und Hinrichtung des Johannes eine Fortsetzung zu haben bis hin zur Passion und zum Tod. Zudem wird die Fastenpraxis der Johannes-Jünger der Mahl-Praxis Jesu gegenüber gestellt. Aber dieser Gegensatz vereint sich schliesslich in der Weisheit Gottes, die beides angeregt hat (vgl. Lk 7,31-35 par).
Woher kommt diese durchgängige Verbindung des Johannes mit Jesus? Es kann nicht daran liegen, dass Johannes selber auf den nach ihm kommenden Jesus hingewiesen hätte. Dann wäre nämlich undenkbar, dass die Evangelisten Johannes die Frage an Jesus in den Mund gelegt hätten, ob er der erwartete Messias sei.[11] Vielmehr dürfte der Grund darin liegen, dass Jesus und sein Kreis aus der Bewegung des Täufers hervorgegangen sind. Darauf weisen zuerst einmal die Berufungsgeschichten im Johannes-Evangelium hin. Tatsache ist auch, dass die Kirche den Tauf-Ritus als eigenen Initiations-Akt übernommen hat. Wenn der Weg in die Kirche hinein über das Untertauchen ins Wasser führte, wie das schon in der Apostelgeschichte bezeugt ist, dann führte dieser Weg sozusagen durch die „Bewegung Johannes des Täufers" hindurch. Des Weiteren wird im Ausdruck Geist-Taufe die Gabe des Heiligen Geistes mit der Tauf-Terminologie beschrieben, obwohl das Taufen eigentlich ein Untertauchen bedeutet. Der Begriff Geist-Taufe macht deutlich, wie sehr sich Jesus und seine Jünger und Jüngerinnen von Johannes her verstanden. Das ist auch daran zu erkennen, dass die Tempelaktion Jesu in einem Zusammenhang mit dessen Wirken gesehen wurde.[12] All das Gesagte kann als Hinweis auf eine vormarkinische Schrift angenommen werden, die geprägt war von der Darstellung des Verhältnisses zwischen Jesus und Johannes.

[11] Das Zeugnis des Johannes über Jesus ist als eine nach-österliche theologische Konstruktion zu sehen, die Johannes aus einer späteren Sicht heraus als den Wegbereiter Jesu kennzeichnet.

[12] Denn auch Johannes stellte mit seiner Taufe zur Vergebung der Sünden und der damit geforderten Umkehr-Bereitschaft die „automatische" Sühnefunktion des Tempels infrage.

3.2. Redaktionelle Eingriffe des Markus in die vormarkinische Schrift

Die Evangelien sind als fortlaufende Erzählungen gestaltet. Wenn Markus von Hellenisten und Hebräern parallel überlieferte Traditionen zusammenführt, kann er den Aufriss seiner Vorlage nicht beibehalten. Er kann nicht eine Brotvermehrung gleich nach der andern erzählen. Er muss Abschnitte seiner Vorlage umstellen, neu gliedern. Nun fällt auf, dass Lukas, der ganz dem Aufriss des Markus-Evangeliums verpflichtet ist und weiteren Stoff hinzufügt, einen längeren Abschnitt des Markus-Evangeliums auslässt, den ganzen Abschnitt Mk 6,45-8,26. Präzis dieser Abschnitt enthält den einen Bericht über die Rettung aus Seenot und der Brotvermehrung. Dieser Abschnitt scheint also eine Neuzusammenstellung der Markus-Redaktion zu sein. Das dürfte mit ein Grund dafür sein, dass Lukas, der die vormarkinische Schrift kennt und damit auch die Redaktion des Markus, diesen Abschnitt weglässt.

Zusammenfassend heisst das: Wir können davon ausgehen, dass vor Markus eine sorgfältig aufgebaute Schrift bestanden hat, in der Jesus und Johannes der Täufer aufs Engste miteinander in Beziehung gesetzt waren. Im Moment der Trennung der Kirche vom Judentum, in dem Jesus noch stärker die spezifische Referenz für den Glauben wurde, hat Markus Traditionen über den Täufer aus seiner Vorlage, die sich weniger auf Jesus beziehen, gestrichen oder gekürzt. Damit und durch Umstellungen, Neuzusammenstellungen hat er den sorgfältigen Aufbau seiner Vorlage aufgelöst.

II. Der Rekonstruktionsversuch

1. Das Ergebnis vorweg

Die Rekonstruktion erfolgt in mehreren Schritten, und das Vorgehen besteht immer wieder darin, Beobachtungen von Einzelheiten und den vermuteten Gesamtaufbau gemeinsam zu sehen. Gerade diese Zusammenschau von Details mit dem vermuteten durchstrukturierten Aufbau ermöglicht diesen Versuch. Das bedeutet ein gleichzeitiges Ausgehen von zwei verschiedenen Ebenen. Die Plausibilität des Ergebnisses wird schliesslich gerade davon abhängen, wie gut all die Einzelbeobachtungen und der vermutete Gesamtaufbau zusammenpassen. Da es schwierig ist, dieses Vorgehen übersichtlich darzustellen, wird das Ergebnis des Rekonstruktionsversuchs vorweg an dieser Stelle wiedergegeben. Das soll der Übersicht und Orientierung beim Lesen dienen und nicht als zufällige Begründung für das Ergebnis dieser Arbeit. Die Vermutungen zum Gesamtaufbau entwickeln sich im Verlauf des Rekonstruktionsversuchs in einer spiralförmigen Bewegung weiter, indem Einzelbeobachtungen zu einer genaueren Bestimmung des Aufbaus führen und diese zu einer Neueinordnung von Einzelbeobachtungen usw.

Der Weg zum hier gefundenen Ergebnis war ein sehr langer. Damit die Leserin, der Leser es überhaupt auf sich nimmt, diesen Weg nun mitzugehen, soll mit diesem Vorgreifen vorab gezeigt werden, dass dieses Vorgehen zu einem unerwartet schlüssigen Ergebnis geführt hat, in dem sich auch so manche bibelwissenschaftliche Frage klären könnte. Das ist der Grund, warum ich dieses Ergebnis veröffentlichen wollte.

Aufbau des Ur-Evangeliums[13]

1. Vorgeschichte: Gegenüberstellung und Verbindung von Johannes und Jesus

2. Wirken und Schicksal des Johannes des Täufers

2a. Wüstenaufenthalt des Johannes

2b. Wirken des Johannes

2c. Zeugnis des Johannes über Jesus und Taufe des Jesus

2d. Zusammenwirken von Johannes und seinem Anhänger Jesus

2e. Gefangennahme des Johannes

[13] Die Buchstaben in 2a. und 3a. usw. zeigen die Parallelen zwischen Johannes und Jesus an.

3. Wirken und Schicksal Jesu

3a. Wüstenaufenthalt Jesu

3b. Wirken Jesu

3c. Zeugnis Jesu über Johannes

2e. Hinrichtung des Johannes

3d. Zusammenwirken von Jesus und seinen Jüngern

2f. Vermeintliche Auferstehung des Johannes

3e. Passion und Hinrichtung Jesu

3f. Auferstehung Jesu

Rekonstruierbarer detaillierter Aufbau des Ur-Evangeliums

Das ist der Aufbau der Fassung der Hellenisten. Die von dieser abgeleitete Fassung der Hebräer ist als Alternative dazu kursiv und unterstrichen eingefügt.

1. Vorgeschichte

1a. Gegenüberstellung und Verbindung von Johannes und Jesus

Verheissung der Geburt des Johannes des Täufers trotz Unfruchtbarkeit Elisabets und Unglaube des Zacharias (vgl. Lk,1,5-25)
Verheissung der Geburt Jesu trotz Jungfräulichkeit Marias und Glaube Marias (vgl. Lk 1,26-38)

Freudige Begegnung von Johannes und Jesus im Mutterleib mit Lobgesang Marias (vgl. Lk 1,39-56)

Geburt und Beschneidung des Johannes mit prophetischem Gesang über seine Bestimmung und Hinweis auf sein Heranwachsen (vgl. Lk 1,57-80)
Geburtsgeschichte Jesu, die ihn als Messias ausweist, und Beschneidung/Darstellung im Tempel mit prophetischem Gesang über seine Bestimmung und Hinweis auf sein Heranwachsen (vgl. Lk 2,1-40)

Der zwölfjährige Jesus im Hause seines Vaters (vgl. Lk 2,41-52)

2. Wirken und Schicksal des Johannes des Täufers

2a. Wüstenaufenthalt des Johannes

Vorbereitung des Wirkens und Kennzeichnung als der wieder gekommene Elija

2b. Wirken des Johannes

Umkehrpredigt und Tauftätigkeit des Johannes

2c. Zeugnis des Johannes über Jesus und Taufe des Jesus

Zeugnis des Johannes über Jesus samt Vergleich mit ihm (vgl. Mt 3,11-12 und Lk 3,15-17)

Wasser-Taufe Jesu durch Johannes (ohne Herabkunft des Heiligen Geistes) (vgl. Mt 3,13-17)

2d. Zusammenwirken von Johannes und seinem Anhänger Jesus

Tauf-Tätigkeit Jesu mit Johannes in gestufter Kompetenz (vgl. Joh 3,22-30)

2e. Gefangennahme des Johannes

3. Wirken und Schicksal Jesu

3a. Wüstenaufenthalt Jesu

Vorbereitung des Wirkens und Kennzeichnung als der geist-getaufte Messias

Versuchung Jesu in der Wüste als inneren Exodus (vgl. Mt 4,1-11 und Lk 4,1-12) und Taufe mit dem Heiligen Geist (vgl. die Anspielung auf Jes 11,1-9 in Mk 1,13)

3b. Wirken Jesu

Auftritt und Ablehnung des geist-erfüllten Jesus in seiner Heimat Nazaret (vgl. Mt 4,13 und Lk 4,16-30; Lukas dürfte hier auch die Logienquelle benützt haben)

Wirken Jesu mit folgenden Elementen (Lk 7,18-35 par nimmt darauf Bezug; Abfolge unklar)

Berufung des Sünders Simon und der Zebedäus-Söhne und Heilung von Simons Schwiegermutter in dessen Haus (vgl. Lk 5,1-11 und Lk 4,38-39 par)
Berufung des Zöllners Levi und Mahlgemeinschaft mit Zöllnern und Sündern in dessen Haus, Fastenfrage mit doppeltem Vergleich Jesu (vgl. Mk 2,13-22 par)

Zeichenhafte Heilungen Jesu (entsprechend Zitat Lk 7,22)
- Blinde sehen: Bartimäus in Jericho, Mk 10, 46-52
- Lahme gehen: Gelähmter in Kafarnaum, Lk 2,1-12
- Aussätzige werden rein: Aussätziger wahrscheinlich irgendwo in Galiläa, 1,40-45

- Taube hören: der von einen stummen und tauben Geist besessene Junge, Mk 9,14-29
- Tote stehen auf: Tochter des Jairus am westlichen Ufer des Sees, Mk 5,21-43

Zuspruch der Sündenvergebung (vgl. Mk 2,5 par)

Gemeinschaft Jesu mit Sündern

- Begegnung mit der Sünderin (vgl. Lk 7,37-50)
- Jesus zu Gast bei Zachäus (vgl. Lk 19,1-10)

Zuspruch der Sündenvergebung (vgl. Lk 7,48)

Ablehnende Reaktion
Der Beelzebul-Vorwurf in Reaktion auf die Heilungen (vgl. Lk 11,14-22 par)
Vorwurf, Jesus sei von Sinnen, in Reaktion auf Gemeinschaft Jesu mit Sündern (vgl. Mk 3,20-21.31-35)

Erklärung des Wirkens im Zusammenhang mit dem anbrechenden Reich Gottes
Doppelter Vergleich mit dem Senfkorn und Sauerteig (vgl. Lk 13,18-21)
Doppelter Vergleich mit der verlorenen Drachme und dem verlorenen Schaf (vgl. Lk 15,3-10)

Von der Annahme des Reiches Gottes
Zeichenforderung (vgl. Mt 16,1-4)
Das Beispiel der Kinder (vgl. 10,13-16 par)
Doppelter Vergleich mit dem Schatz im Acker und der Perle (vgl. Mt 13,44-46)

Die Gebote im Dienste der Menschen
Ernten der Ähren am Sabbat (vgl. Mk 2,23-28 par)
Heilung der verkrümmten Frau am Sabbat (vgl. Lk 13,10-17)
Heilung eines Wassersüchtigen am Sabbat (vgl. Lk 14,1-6)
Heilung des Mannes mit der verdorrten Hand mit Beschluss gegen Jesus (vgl. Mk 3,1-6 par)
Warnung Jesu und Klageruf über Jerusalem (vgl. Lk 13,31-34)
Wirken Jesu ausserhalb Israels über seine eigentliche Berufung hinaus (vgl. Mk 7,24-30 par)

3c. Zeugnis Jesu über Johannes

Zeugnis Jesu über Johannes samt Vergleich mit ihm (vgl. Lk 7,18-35 par)

2e. Hinrichtung des Johannes

Hinrichtung und Bestattung des Johannes (vgl. Mk 6,17-29)

3d. Zusammenwirken von Jesus und seinen Jüngern mit folgenden Elementen (Abfolge unklar)

Wahl der zwölf Apostelpaare (vgl. Mk 3,13-19 par)
Doppelter Vergleich mit den verschiedenen Böden/Krügen (vgl. Mk 4,3-8 par und Thomas-Evangelium Logion 97)
Aussendung der zwölf Apostelpaare (vgl. Mk 6,6b-13 par)
Rückkehr der Apostel und Vermehrung von deren Broten (vgl. Mk 8,1-9 par)
Die sich sorgenden Apostel (vgl. Mk 8,14-21)
Doppelter Vergleich mit den Lilien des Feldes und den Vögeln des Himmels (vgl. Lk 12,22-31 par)
Austreibung einer Legion Dämonen unter den Heiden (vgl. Mk 5,1-20)
Doppelter Vergleich mit dem Salz und dem Licht (vgl. Mt 5,13-16 par)
Rettung aus Seenot mit Seewandel Jesu, Versuch des Petrus und dessen Rettung (vgl. Mt 14,22-32)
Alternative Rettung des Bootes aus Seenot (durch das Wort Jesu): vgl. Mk 4,35-41 par
Alternative zum versuchten Seewandel des Petrus: Verleugnung Jesu trotz früherer Beteuerung und anschliessend liebender Blick Jesu, vgl. Mk 14,26-31 und Lk 22,54-61
Sohn Gottes-Bekenntnis des Petrus und Fels-Wort Jesu (vgl. Mt 16,13-20)
Alternatives Bekenntnis des Petrus (Messias-Bekenntnis): vgl. Mk 8,27-30, alternatives Sohn Gottes-Bekenntnis (Selbstbekenntnis Jesu vor der jüdischen Kammer): vgl. Mk 14,61-64 und Alternative zum Fels-Wort Jesu: Auftrag Jesu zum Hirtenamt: vgl. Joh 21,15-17

2f. Vermeintliche Auferstehung des Johannes
Jesus wird für Johannes den Täufer gehalten (vgl. Mk 8,28 par)

Frage nach Elija mit Hinweis auf die Passion des Johannes und Ankündigung des Leidens des Menschensohnes (vgl. Mk 9,11-13 und Mk 8,31)
Zurechtweisung des Petrus (vgl. Mk 8,32-33)
Zurechtweisung der Zebedäus-Söhne (vgl. Mk 10,35-40)

3e. Passion und Hinrichtung Jesu

„Königlicher“ Einzug in Jerusalem

Prophetisches Wort gegen den Tempel (vgl. Mk 14,58 und Mk 15,29-30)

Alternative Tempelaktion (Tempelreinigung): vgl. Lk 19,45-46

Beschluss gegen Jesus (vgl. Lk 19,47-48)

Vollmachtfrage (vgl. Mk 11,27-33 par)

Gleichnis von den Winzern (vgl. Version des Thomas-Evangeliums)

Verrat des Judas (vgl. Mk 14,1-2.10-11 par)

Letztes Mahl am Tag vor dem Rüsttag zum Paschafest (vgl. Mk 14,17-25)

Als Teil der Alternative zum versuchten Seewandel des Petrus: seine Beteuerung, vgl. Mk 14,26-31

Wache am Ölberg mit Petrus und den Zebedäus-Söhnen (Mk14,32-42)

Gefangennahme (Mk 14,43-50)

Als Teil der Alternative zum versuchten Seewandel des Petrus: seine Verleugnung Jesu und liebender Blick Jesu, vgl. Lk 22,54-61
Als Alternative zum Fels-Wort Jesu: Liebesbekenntnis des Petrus und Auftrag zum Hirtenamt Jesu: vgl. Joh 21,15-17

Vorführung vor die jüdische Kammer, Verurteilung wegen des prophetischen Wortes gegen den Tempel und Verspottung als Prophet (vgl. Mk 14,58 und 14,65)
Alternative Vorführung vor die jüdische Kammer: Verurteilung aufgrund des Sohn Gottes-Selbstbekenntnisses, vgl. Lk 22,66-71
(dieses Sohn Gottes-Selbstbekenntnis ist zusammen mit dem Messias-Bekenntnis des Petrus Mk 8,27-30 zugleich die Alternative zum Sohn Gottes-Bekenntnis des Petrus: vgl. Mt 16,16)

Vorführung vor die römische Kammer (vgl. Mk 15,1-5)

Überstellung an Herodes (vgl. Lk 23,6-10)

Vorführung vor die römische Kammer, Verurteilung wegen des Vorwurfs, Anspruch auf eine Königsherrschaft zu erheben und Verspottung als König (vgl. Mk 15,6-20a)

Kreuzweg und Kreuzigung (vgl. Mk 15,20b-27)

Verhöhnung als Prophet und König am Kreuz (vgl. Mk 15,29-32)
Alternative Verhöhnung ohne Hinweis auf das Tempelwort, vgl. Lk 23,35-37

Tod (Mk 15,33-41)

Begräbnis (vgl. Mk 15,42-47)

3f. Auferstehung Jesu

Auferstehungs-Erfahrung, dargestellt in der Erscheinung Jesu in gewandelter menschlicher Gestalt in leuchtend weissen Kleidern
(vgl. Mk 16,1-4… und Mk 9,2-7)
Alternative Darstellung der Auferstehungs-Erfahrung (Hinweis des Engels in weissem Gewand auf Leerstelle im Grab): vgl. Mk 16,1-6

2. Rekonstruktionsversuch in Abschnitten

Dazu schlage ich folgende Einteilung vor:

- von den Ankündigungen der Geburten bis hin zum öffentlichen Wirken des Johannes
- das Wirken des Johannes
- das Wirken Jesu bis hin zu seinem Einzug in Jerusalem
- die Tage Jesu in Jerusalem bis hin zu seinem Tod und zu seiner Bestattung
- von der Entdeckung des leeren Grabes bis zum Schluss

Von den Ankündigungen der Geburten bis hin zum öffentlichen Wirken des Johannes (Lk 1-2)

Dieser sorgfältig durchkomponierte Abschnitt des Lukas-Evangeliums ist der Ausgangspunkt für diese Rekonstruktion. Sein Aufbau, der Johannes mit Jesus in Beziehung setzt und letzteren mit der Jungfrauengeburt als Sohn Gottes und mit der Geburt im Stall von Bethlehem als den erwarteten Messias kennzeichnet, ist Modell für den ganzen Aufriss der vormarkinischen Schrift. Die Stimmigkeit der Komposition lässt hier vermuten, dass Lukas sie nicht gross verändert hat. Wie schon angemerkt, steht die historische Einordnung in die Geschichte des römischen Reiches in Spannung zur ahistorisch wirkenden, theologischen Aussageweise. Lukas dürfte im Hinblick auf die sich dem römischen Reich zugehörig fühlenden Leser und Leserinnen daran interessiert gewesen sein, das Ereignis der Geburt Jesu mit der römischen Geschichte in Verbindung zu bringen, d.h. im Lebenshorizont seiner Adressaten zu verankern. Dass diese Verbindung korrekt sein soll, war wohl nicht entscheidend. In der vormarkinischen Schrift kann irgendein anderer Anlass dazu gedient haben, Josef und die schwangere Maria von Nazaret zum messianischen Geburtsort aufbrechen zu lassen.

Das Wirken des Johannes

Da wird mit zwei Hinweisen die Lebensweise des Johannes in der Wüste beschrieben. Er ernährt sich nur von Heuschrecken und wilden Honig. Dies steht in Bezug zu Jesus, der in der Wüste gar nichts ass. Sein Mantel zeigt seine Begabung mit dem prophetischen Geist des Elija an. Dieser Geist ging ja einst mit dem Mantel von Elija auf Elischa über. Dies kennzeichnet Johannes als den wiedergekommenen Elija, der dem Messias vorangeht. Diese Charakterisierung mit dem Mantel setzt Johannes mit dem durch die Herabkunft des Heiligen Geistes als Messias gekennzeichneten Jesus in Beziehung. Diese Beschreibung Jesu stand im Ur-Evangelium wohl auch mit dem Aufenthalt in der Wüste in Verbindung (vgl. dazu den Abschnitt I.2.1.).[14] Markus fasst eine ursprüngliche Schilderung des Wirkens des Johannes, von der bei Lukas und Matthäus mehr überliefert ist, zusammen, indem er die Predigt stichwortartig wiedergibt und ohne genauere Angaben alle Bewohner Jerusalems als diejenigen erwähnt, die ihre Sünden bekennen und sich taufen lassen. Insbesondere bringt Lukas die Überlegung des Volkes zurück, ob nicht vielleicht Johannes selbst der Messias sei und Matthäus den Einwand des Johannes dagegen, dass sich Jesus von ihm taufen lassen will. Wie in der Vorgeschichte Jesus gegenüber Johannes als der grössere gezeigt wird, spricht dies in der Begegnung der beiden vor der Taufe der Täufer selber aus. Wie schon angetönt, dürfte Markus, die Kirche als das neue Israel darstellend, die christliche Geist-Taufe mit dem Wasser-Ritus an die Stelle der Wasser-Taufe Jesu gesetzt haben.[15]

Nun berichten die synoptischen Evangelien im Gegensatz zum Johannes-Evangelium nichts davon, dass Jesus dann selber, in untergeordneter Stellung, zusammen mit Johannes getauft habe. Historisch dürfte dies aber ziemlich sicher der Fall gewesen sein. Eher hatten die Christen später die Neigung, so etwas aus der Tradition zu streichen als neu dazu zu erfinden. Martin Ebner zeigt das auch auf mit dem Hinweis, dass die Rede vom Grösseren und Kleineren nur einen Sinn habe, wenn beide in gestuften Kompetenzen für die gleiche Sache zuständig waren.[16] Hier liegt der eigentliche Grund für den hier vermuteten Aufriss der vormarkinischen Schrift. Darum muss ein Bericht über die gemeinsame Tauftätigkeit unbedingt zur Schrift gehört haben, die ich hier zu rekonstruieren versuche. Nur haben wir bei den Synoptikern keinen Hinweis

[14] Es scheint hier also im Ur-Evangelium einen zum Wüsten-Aufenthalt Jesu analogen Bericht gegeben zu haben, den Markus stichwortartig wiedergibt.

[15] Die Geist-Taufe ist ursprünglich wohl den Versuchungen gefolgt (s. Abschnitt II.2.3.).

[16] Vgl. M. Ebner S. 96-100, besonders S. 99.

darauf. Dass Markus Jesus nicht mehr als jemanden zeigen will, der Johannes untergeordnet mit Wasser taufte, ist gut nachvollziehbar.[17]

Wenn vormarkinisch ein gemeinsames Wirken der beiden Protagonisten und ein Wüsten-Aufenthalt Jesu berichtet wurde, ist es wahrscheinlicher, dass die Verhaftung des Johannes das gemeinsame Wirken beendete, als dass sie das selbständige Wirken Jesu auslöste, wie das bei Markus der Fall ist. Einleuchtend ist diese Abfolge: gemeinsame Tauf-Tätigkeit von Johannes und Jesus – Verhaftung des Johannes – Rückzug Jesu in die Wüste – Versuchungen und Geist-Taufe Jesu (vgl. Abschnitt I.2.1.) – Beginn des eigenständigen Wirkens Jesu.

Das Wirken Jesu bis hin zu seinem Einzug in Jerusalem

Wie das Wirken des Johannes aus dem Leben in der Wüste hervorgeht, so entwächst auch das Wirken Jesu einem Wüsten-Aufenthalt. Und wie Johannes als der wiedergekommene Prophet Elija gezeigt wird, erscheint Jesus als der geistgetaufte Messias. Den der Wasser-Taufe folgenden Aufenthalt in der Wüste fasst Markus summarisch zusammen mit der Erwähnung der Versuchungen und mit dem Hinweis auf das Leben mit den wilden Tieren. Die Versuchungen, wie sie die anderen Synoptiker überliefern, und der Hinweis auf die Herabkunft des Heiligen Geistes auf den Messias, gehören zusammen. Der Weg durch die Versuchungen stellt nämlich sozusagen einen inneren Exodus, Befreiungsweg Jesu dar, der zum Empfang des Heiligen Geistes führt. Der „Exodus" ist angedeutet durch den vierzigtägigen Aufenthalt in der Wüste und die Versuchungen, die Nahrung fern von Gott zu suchen (Dtn 8,3), Gott auf die Probe zu stellen um der eigenen Befriedigung willen (Dtn 6,16) und Gott zu leugnen und den falschen Göttern zu folgen, die einem die Macht dieser Welt verschaffen sollen (Dtn 6,13). Wie Mose führt Jesus einen Kampf im Fasten von vierzig Tagen und Nächten (Dtn 9,18) und sieht „alle Reiche der Welt von einem hohen Berg aus" (Dtn 34,1-4).[18] Der Gabe der zehn Gebote und dem Einzug ins gelobte Land entspricht die Herab-

[17] Bei Lukas ist ein Wirken Jesu vor dem Wüsten-Aufenthalt erwähnt. Er lässt den Täufer vor der Taufe Jesu abtreten und macht die Taufe Jesu so noch mehr zu einer christlichen Taufe. Wie Jesus in seinem Evangelium von der Geist-Taufe ausgehend zu wirken beginnt, so fangen seine Schüler in der Apostelgeschichte vom Pfingst-Ereignis ausgehend an zu wirken. Diese Parallelisierung beabsichtigt Lukas mit seiner Redaktion. Hier ist also nicht auf eine Tauf-Tätigkeit Jesu angespielt. Dass Lukas aber von einer solchen vormarkinisch geschilderten Tätigkeit zu dieser Redaktion angeregt worden ist, vom Schema: „Johannes tauft - sein getaufter Schüler tauft" in der Markusvorlage zum Schema „der geistgetaufte Jesus beginnt zu wirken – seine geistgetauften Schüler beginnen zu wirken" in seinem Doppelwerk, ist natürlich nicht auszuschliessen.

[18] Vgl. Kommentar der Jerusalemer Bibel von 1980

kunft Heiligen Geistes, noch angetönt bei Markus durch das Leben mit den wilden Tieren in Anspielung auf Jes 11,1-9 an.[19]

Den grossen und unübersichtlichen Abschnitt Mk 1,14-10,46, der dem Wüsten-Aufenthalt folgt, betrachten wir vorerst in groben Zügen, um ihn dann nach der Rekonstruktion aller Abschnitte genauer unter die Lupe zu nehmen.

Der unserer Annahme gemäss von Markus getilgte Abschnitt Lk 7,18-35, in dem Jesus in der Antwort an den Täufer rückblickend sein Wirken zusammenfasst, verweist auf eine Beschreibung des Wirkens Jesu, wie es vor allem in Mk 1,14-3,12 erhalten ist. Da heilt Jesus und unterhält Gemeinschaft mit Sündern.

Der Täufer, dem die Antwort gilt, ist hier noch am Leben. Das Petrus-Bekenntnis in Mk 8,27-30 setzt voraus, dass Johannes nicht mehr lebt. Denn einige halten Jesus für Johannes den Täufer redivivus. Markus bietet einen Bericht an über die Hinrichtung des Täufers. Dieser scheint anhand der Äusserung des Herodes zu Jesus, einer Parallel-Bildung zum Petrus-Bekenntnis, nachträglich zwischen Aussendung und Rückkehr der zwölf Apostel eingeschoben worden zu sein.[20] Sein ursprünglicher Platz in der vormarkinischen Schrift muss also zwischen der Anfrage des Johannes und dem Bekenntnis des Petrus gelegen haben. So können wir für das Ur-Evangelium zuerst einmal als Abfolge bestimmen: Anfrage des Johannes – Bericht über seine Hinrichtung – Bekenntnis des Petrus.

Wenn wir den Abschnitt Mk 6,45-8,26 aufgrund der zwei darin enthaltenen Doppelungen und der auffälligen Streichung durch Lukas für eine von Markus neu gebildete Einheit betrachten, kommt in der vormarkinischen Schrift das Petrus-Bekenntnis nach einem Abschnitt zu stehen, in dem Jesus und die Zwölf eine gemeinsame Rolle spielen. Dieser Abschnitt Mk 6,6b-6,52[21], abzüglich des Berichts über die Hinrichtung des Täufers, lässt in auffallender Weise noch etwas von einem zusammenhängenden Bericht erkennen. Die Zwölf werden ausgesandt, kehren heim, wollen sich zurückziehen, wirken bei der Speisung der Viertausend mit und geraten dann auf dem See in Not. Darauf anerkennt Petrus, auch stellvertretend für die Zwölf, Jesus als Messias. In die-

[19] Lk und Mt verzichten später auf diese Anspielung, weil die Geist-Taufe durch Mk schon fest in der Taufe am Jordan verankert war.

[20] Dass Markus einen Einschub mit einer Parallel-Bildung verbindet, ist auch bei der Vorbereitung des Pascha-Mahles der Fall. Die Himmels-Stimme bei der in die Wasser-Taufe hineinverlegten Geist-Taufe Jesu könnte ebenso eine Parallel-Bildung zur Himmels-Stimme bei der Verklärung sein.

[21] Mk 6,45-52 mit den zwölf Aposteln im Boot kann sowohl als Fortsetzung von 6,6b-6,44 als auch als Doppelung zu Mk 4,35-41 gesehen werden. Lukas übernimmt Mk 4,35-41 und lässt darum mit dem Abschnitt Mk 6,53-8,26 auch die Rettung der Zwölf weg.

sem Abschnitt werden mit der Brotvermehrung und dem Seewandel zudem Wunder anderer Art berichtet als die vom Charismatiker Jesus gewirkten. Auf solche göttliche Wunder bezieht sich Jesus in seiner Antwort an Johannes nicht. Der Abschnitt Mk 6,6b-6,52 mit den Zwölfen als Co-Protagonisten stand also vormarkinisch nicht im Zusammenhang mit dieser Antwort Jesu im Gegensatz zu den Perikopen des Abschnitts Mk 1,14-3,12. Damit lässt sich die feststellbare Abfolge im Ur-Evangelium so erweitern: Wirken Jesu in Heilungen und in Gemeinschaft mit Sündern – Anfrage des Johannes – Bericht über seine Hinrichtung – Bericht über göttliche Wunder Jesu und die Zwölf als Co-Protagonisten – Bekenntnis des Petrus.

Mit anderen Benennungen kann der Abschnitt über das Wirken Jesu als eine Analogiebildung gesehen werden zu jenem über das Wirken des Johannes, wie die zwei folgenden Auflistungen zeigen:

- Wüsten-Aufenthalt Jesu
- Berufungen, Heilungen und Mahl-Gemeinschaft mit Sündern (wie geschildert in Mk 1,14-3,12)
- Zeugnis Jesu über Johannes (mit Rückblick auf dessen Wirken)
- Hinrichtung des Johannes
- Wirken Jesu und der Zwölf (wie geschildert in Mk 6,6b-6,52)
- Petrus-Bekenntnis und Leidens-Ankündigung (und nachfolgend die Passion)

- Wüsten-Aufenthalt des Johannes
- Predigt- und Tauf-Tätigkeit
- Zeugnis des Johannes über Jesus
- gemeinsames Wirken des Johannes mit Jesus
- Verhaftung des Johannes

Diese Parallelität ist also eine Fortführung der lukanischen Vorgeschichte. Die sich dabei ergebende Parallele des Wirkens Jesu mit den Zwölfen zum Wirken des Johannes mit seinem Anhänger Jesus ist gleichzeitig ein Hinweis auf die Richtigkeit der Annahme, dass Jesus tatsächlich mit Johannes in gestufter Kompetenz getauft hat (und dies im Ur-Evangelium berichtet war) und auf die vermutete durchgehende Parallel-Setzung von Johannes und Jesus im Aufbau der vormarkinischen Schrift.

Etwas fällt an diesem Abschnitt noch auf: Dass einige Jesus für Johannes, Elija oder sonst einen der Propheten halten, setzt historisch voraus, dass Jesus erst nach der Hinrichtung des Johannes begonnen hat, eigenständig zu wirken. Wenn Jesus schon zu dessen Lebzeiten charismatisch gewirkt hätte, wären die Leute nicht auf die Idee gekommen, in ihm seien die Kräfte des Johannes redivivus am Werk. Die Frage des gefangenen Johannes an Jesus ist also unhistorisch. Die Umstellung der historischen Chronologie, die noch im Bewusstsein der Leute war, erforderte einen Bericht über die Hinrichtung, der diese Verzögerung plausibel machte. Im Bericht Mk 6,17-29 verzögert die unterschiedliche Haltung von Herodes und Herodias zu Johannes dessen Tötung. Es musste dann noch ein besonderer Anlass erfunden werden, der die gegensätzlichen Haltungen überwand und zur Hinrichtung führte.[22] Die Umstellung der Chronologie erlaubte es dem Verfasser des Ur-Evangeliums, dass Jesus, ermächtigt durch sein charismatisches Wirken, ein Zeugnis über Johannes abzulegen, so wie Johannes, autorisiert durch sein Wirken am Jordan, ein Zeugnis über Jesus ablegte.[23] Diese Konstruktion – entgegen dem historischen Sachverhalt – ist ein Indiz dafür, dass die Parallelisierung ein gewollter und wichtiger Aspekt war für das Ur-Evangelium. Die Parallelisierung nimmt zudem den Widerspruch in Kauf, dass Johannes die Frage an Jesus stellt, obwohl er zuvor in seinem Zeugnis auf ihn, wenn auch noch verklausuliert, hingewiesen hatte.

Die Tage Jesu in Jerusalem bis hin zu seinem Tod und seiner Bestattung

In diesem Abschnitt haben wir für die Rekonstruktion wieder festeren Boden unter den Füssen. Der Einzug in Jerusalem, die anschliessende Aktion im Tempel mit dem Tempelwort und der daraus resultierende Prozess gegen Jesus zeigen einen durchdachten und aussagekräftigen Aufbau dieses Abschnittes. Der Einzug mit darauf folgender Tempelaktion zur Erneuerung des Kultes schildert Jesus als eine Art König und Kult-Erneuerer. So zogen einst auch die siegreichen Makkabäer in Jerusalem ein und gingen in den Tempel. Als möglicher Anwärter auf ein Königtum wird Jesus dann von den Römern verurteilt, als König mit der Dornenkrone verspottet und schliesslich als solcher am Kreuz verhöhnt. Einer ursprünglichen Prophezeiung gegen den Tempel entsprechen dann die Verhüllung des Gesichtes und die Verspottung als Prophet beim Prozess vor den jüdischen Autoritäten und die Verhöhnung am Kreuz mit dem Bezug zum Tempelwort.[24]

---

[22] Dasselbe gilt für die etwas anders geartete Fassung in Mt 14,3-12. Diese Berichte überliefern historische Fakten, Orte und Namen ungenau oder falsch und sind als Legenden einzustufen, meinen auch Theissen/Merz, vgl. S. 186.

[23] Auch dieses Zeugnis des Johannes über Jesus ist, wie bereits erwähnt, unhistorisch. Wenn sich Johannes selber als Vorläufer Jesu gesehen hätte, hätten die Evangelisten ihm die Frage an Jesus kaum in den Mund gelegt.

[24] Jesus wird bei Markus als Prophet verhöhnt, obwohl die jüdischen Autoritäten ihn nicht wegen des Tempelworts verurteilten. Vgl. dazu die Darstellung von M. Ebner, S. 194-203.

Jesus dürfte historisch einfach die Zerstörung des Tempels angekündigt haben. Diese Ankündigung traf jahrzehntelang nicht ein. Darum musste sie um-interpretiert werden. Hellenisten und Hebräer taten das auf je ihre Weise. Die Hellenisten deuteten die Zerstörung in ein völliges Unfruchtbar-Werden um. Der neue wahre Tempel anstelle des alten ist der Auferstandene selber, der mit seinem Tod am Kreuz alle Schuld der Menschen gesühnt hat. Die Hebräer, die weiterhin am Tempel-Gottesdienst teilnahmen, deuteten die Ankündigung Jesu in eine Reinigung um: Der Kult und die Haltung im Leben sollen miteinander in Einklang gebracht werden, sonst ist der Tempel eine Räuberhöhle.[25]

Zwischen den Einzug und die Tempel-Aktion ist bei Markus die Ankündigung der ewigen Unfruchtbarkeit eines Feigenbaums eingeschoben. Der Feigenbaum ist in Bethanien von weit her sichtbar und trägt schon jetzt keine Früchte. Am folgenden Tag hat sich die Ankündigung bewahrheitet: Er ist völlig verdorrt. Die Standortschilderung des Feigenbaums fällt auf; in Bethanien von weitem sichtbar so wie der Tempel. Hinter dieser Rahmung der Tempel-Aktion steckt vermutlich auch die Absicht des Markus, die Interpretation der Hellenisten bildhaft zum Ausdruck zu bringen, weil er nicht wie bei der Brotvermehrung zwei Handlungen mit gegensätzlicher Intention schildern konnte. Vor der jüdischen Kammer wird Jesus in Anspielung auf die Verfluchung des Feigenbaums auch wegen einer Weissagung gegen den Tempel angeklagt. Aber der Anklagepunkt scheitert aufgrund sich widersprechender Zeugenaussagen. Auf diese Weise hat Markus Platz gemacht für eine andere Version der Tempel-Aktion, in der Jesus den Tempel reinigt. Und er bietet Raum für eine andere Version von Anklage und Verurteilung. Verurteilt wird Jesus dann vor der jüdischen Kammer wegen seines Anspruchs, der Sohn des Hochgelobten zu sein, der zu seiner Rechten sitzen und auf den Wolken des Himmels kommen wird. Lukas, der die Verfluchung des Feigenbaums weglässt und dafür die Sicht der Hellenisten in der Apostelgeschichte durch Stephanus zum Ausdruck bringt, hat darum für Tempel-Aktion und Anklage vor der jüdischen Kammer die Version der Hebräer überliefert. Dasselbe gilt für die Verhöhnung Jesu am Kreuz ohne die Bezugnahme auf die Tempel-Prophezeiung.[26] Neben der Hebräer-Version bei Lukas dürfte die Variante der Hellenisten so ausgesehen haben, dass Jesus im Tempel ankündigte: „Ich werde diesen von Menschen erbau-

---

[25] Als dann die Ankündigung doch noch eintraf, verband sie Markus mit einem Wort zum Glauben. Vgl. dazu den Abschnitt I.2.2.

[26] Er vermeidet also auch hier eine Doppelung wie bei der Brotvermehrung und der Rettung aus Seenot. Die Verspottung als Prophet löste Lukas daher vom Verhör los. Sie bezieht sich bei ihm auf die Weissagung gegen Jerusalem. Damit orientiert sich Lukas in gewisser Beziehung an Markus, ohne seine Doppelung so zu übernehmen.

ten Tempel niederreissen und in drei Tagen einen andern errichten, der nicht von Menschenhand gemacht ist.“ Aufgrund dieses Wortes dürfte Jesus in der Hellenisten-Version von der jüdischen Kammer verurteilt worden sein. Worte gegen den Tempel waren ja tatsächlich todeswürdige Verbrechen. In der Hebräer-Version wird Jesus verurteilt für den Anspruch, der Sohn Gottes zu sein, weil die Reinigung des Tempels kein Verbrechen war. Für diesen Glauben wurden die Christen aber später effektiv zum Tode verurteilt. Hier zeigt sich, dass die Hellenisten-Version die primäre war, denn nur in dieser kommt die Parallelisierung von Einzug und Tempel-Aktion mit Verspottung vor der jüdischen Kammer als Prophet – und Verspottung vor der römischen Kammer als König voll zum Tragen.

Die Vollmachts-Frage bringt die Aktion Jesu in einen Zusammenhang mit dem Wirken des Täufers. Jesus spricht dem Tempel die Sühne-Funktion ab oder stellt sie wenigstens infrage, so wie Johannes mit seiner Taufe und der damit geforderten Umkehr-Bereitschaft diese Funktion hinterfragt oder wenigstens relativiert hat.

Die Bild-Rede von den Winzern und dem Weinberg drückte vormarkinisch das Vorgehen von jüdischen Autoritäten aus, die einst Propheten misshandelten und nun Jesus nach dem Leben trachten. Markus deutet die Knechte von Propheten in christliche Märtyrer um. In der Folge führt er das Bild weiter: Die Winzer werden getötet und der Weinberg wird andern gegeben. Der Weinberg ist im Zusammenhang dieser Umdeutung nicht mehr das konkrete Israel, das nun andern Autoritäten anvertraut würde, sondern ein ideelles, definitorisches Israel, das vom Judentum auf die Kirche übergeht. Lukas macht die Knechte in der Bild-Rede wieder zu den Propheten, die Jesus vorausgehen. Aber Jesus ist im Vergleich zur Version des Thomas-Evangeliums von den Propheten abgesetzt, indem er nicht mehr mit ihnen zusammen eine Drei-Einheit bildet; jene stehen separat. Jesus steht so mehr für die Kirche im Gegenüber zum Judentum. Diese Version ist damit kompatibel mit dem Schluss, in dem der Weinberg der Kirche anvertraut wird. In der Version des Thomas-Evangeliums, die wohl in etwa der des Ur-Evangeliums entsprach, erschienen Propheten und Jesus, das heisst Judentum und Kirche noch als Einheit.

Wie bei der Heilung des Mannes mit der verdorrten Hand treten dann wieder Pharisäer und Herodianer auf den Plan. Jetzt wollen sie Jesus mit einer Frage in die Falle locken. Ihr zusammenhangsloser Auftritt in Jerusalem, also ausserhalb des Machtbereichs des Herodes, wirkt irgendwie künstlich. Es ist anzunehmen, dass die Fangfrage ursprünglich dem Tötungs-Beschluss in Mk 3,6 folgte. Vormarkinisch war offenbar ein erstes Vorgehen gegen Jesus im Rahmen seines Wirkens schon vor dem Einzug in Jerusalem geschildert. Jesus wurde aber von andern Pharisäern, die in die Pläne gegen Jesus eingeweiht waren, gewarnt, wie Lk 13,31-33 berichtet.[27] Wenn einmal geschildert war, Herodes mit seinen Leuten habe Jesus nach dem Leben getrachtet, ist auch ein Bericht über dessen Mitwirken bei der Verurteilung Jesu im Ur-Evangelium wahrscheinlich, wie in Lk 23,8-12 wiedergegeben.[28] Die Steuerfrage ist so als Anfang eines später folgenden Einschubes zu sehen.

Wie schon erkannt, gibt es bei Markus einige Hinweise darauf, dass das letzte Abendmahl kein Paschamahl war. Und es gibt in der Trennung der Kirche vom Judentum einen Anlass für die Annahme, dass er das letzte Abendmahl zu einem neuen Paschamahl stilisiert hatte, indem er es auf diesen Tag verlegte. Markus hat wohl schon die Legende der Hinrichtung des Täufers mittels einer Parallele zum Petrus-Bekenntnis eingefügt. Genauso ist die Vorbereitung des Paschamahls eine Parallel-Bildung zur Vorbereitung des Einzugs in Jerusalem. Mit Hilfe dieser Parallele wollte er das letzte Abendmahl bewusst in den Kontext des Paschafests bringen. Das letzte Mahl Jesu dürfte in Wirklichkeit am Tag vor dem Rüsttag für das Paschafest stattgefunden haben. An die Stelle des ursprünglichen Berichts darüber hat Markus das Mahl mit der Salbung gesetzt. Dazu dürfte er den Bericht über die Begegnung mit einer Sünderin, der in Lk 7,36-50 erhalten ist, umgeformt haben. Auffallend an diesem Bericht ist, dass Jesus der Frau ihre Sünden vergibt. Das ist eine Analogie zur Sündenvergebung, die Jesus dem Gelähmten zuspricht in Mk 2,12. Mk 2,1-12 und Lk 7,36-50 zeigen weitere Parallelen. Jesus erkennt jeweils die Gedanken der Anwesenden und argumentiert für seinen Zuspruch der Sündenvergebung. Lk 7,36-50 dürfte vormarkinisch im Zusammenhang der Gemeinschaft Jesu mit Sündern gestanden haben. Heilungen und Gemeinschaft mit Sündern wurden offenbar sorgfältig parallelisiert.

So haben wir folgende Anhaltspunkte für den Aufbau der vormarkinischen Schrift in diesem Abschnitt: Einzug in Jerusalem – Tempel-Aktion (in zwei Versionen) – Beschluss gegen Jesus (vgl. Lk 19,47-48) – Vollmachtsfrage der Hohenpriester, Schriftgelehrten und Ältesten – Gleichnis von den Winzern – Verrat des Judas – ein letztes Mahl Jesu mit seinen Jüngern in Bethanien – Beteuerung des Petrus – Wache am Ölberg – Gefangennahme Jesu – Verleugnung durch Petrus – Verhör Jesu vor dem Hohen Rat am Morgen (in zwei Versionen) und Verspottung als Prophet in der Hellenisten-Version – Vorführung vor Pilatus – Überstellung an Herodes – Verurteilung durch

[27] Markus hat diese Fangfrage verschoben und die Warnung gestrichen. Mit der Flucht Jesu vor Herodes dürfte das Wirken unter den Heiden in einem Zusammenhang gestanden haben. Das Mitwirken beim Beschluss gegen Jesus und die Warnung sind ein Hinweis auf eine zwiespältige Haltung der Pharisäer gegenüber Jesus.

[28] Historisch ist diese Konsultation eines Dritten durch eine römische Behörde keineswegs unwahrscheinlich. Sicher ist bei Lukas aber die Rolle, die Herodes gespielt hat, geschönt wie die des Pilatus.

Pilatus und Dornenkrönung – Kreuzweg und Kreuzigung –Verhöhnung am Kreuz (in zwei Versionen) – Tod Jesu – Begräbnis Jesu.

Von der Entdeckung des leeren Grabes bis zum Schluss

Der erste Markus-Schluss 16,1-8 erscheint unbefriedigend. Uns fehlt eine Erscheinung des Auferstandenen. Wir sind Erscheinungen gewohnt, in denen Jesus in menschenähnlicher Gestalt auftritt, spricht oder etwas tut. So sehen das die Christen seit rund 1900 Jahren aufgrund der Auferstehungsberichte in Lk, Mt und Joh. Unser Auferstehungs-Glaube ist traditionell an diese Berichte gebunden. Aber diese derart konkreten Darstellungen können etwas Sekundäres sein. Denn sie sind immer dazu da, eine bestimmte Funktion zu erfüllen.

Bei Matthäus erscheint der Auferstandene, um den Sendungs-Auftrag zu geben (Mt 28,16-20). Bei Lukas erscheint er auf dem Weg nach Emmaus, um den zwei Jüngern die Augen für die Schrift zu öffnen (Lk 24,13-35). Den Aposteln erscheint er anschliessend, um zu zeigen, dass er, der Auferstandene mit seinen Wundmalen, wirklich der ist, der als Mensch gelebt hat (Lk 24,36-43). Am Anfang der Apostelgeschichte gibt er seinen Jüngern letzte Anweisungen (Apg 1,4-11). Bei Johannes wird das innige Verhältnis zu Maria von Magdala zum Ausdruck gebracht (Joh 20,11-18), eine Sendung der Zwölf veranlasst (Joh 20,19-23) und der zweifelnde Thomas wird zum Glauben geführt (Joh 20,24-29). Ebenso hat der zweite Johannes-Schluss seine eigene Intention (Joh 21). All diese Auferstehungs-Berichte verbinden das Vor-Ostern mit dem Nach-Ostern, wo Jesus nicht mehr so fassbar gegenwärtig war, dass man sein Wirken hätte direkt beschreiben können. Diese Berichte sind also eine geschickte literarische Schöpfung.

Alle diese Schilderungen bauen möglichweise auf der Darstellungsweise auf, die in der Verklärung gegeben ist. Sie ist hilfreich, um etwas zu beschreiben, was der gestaltlose auferstandene Jesus gewirkt hat. Gut denkbar, dass sie von einem antiken Motiv her stammt, wie zum Beispiel auch die Jungfrauengeburt. Das heisst umgekehrt: Für die erste Christen-Generation war die Auferstehung gar nicht an eine solche Erscheinung gebunden. Diese war vielmehr eine hellenistische Interpretation der Auferstehungs-Erfahrung. Aber indem diese Darstellungsart literarisch für gewisse Zwecke weiterhin verwendet wurde, heftete sich der Auferstehungs-Glaube allmählich fest an diese Darstellungsart.

Das heisst: Für die ersten Christen muss der erste Markus-Schluss in keiner Weise unbefriedigend gewesen sein. Für die Hebräer war diese hellenistische Präsentation jedoch anstössig. Sie erwähnen statt des in gewandelter menschlicher Form Auferstandenen einen ähnlich gestalteten Engel, der auf die Stelle hinweist, wo der Leichnam Jesu gelegen hatte. Die Gestalt des Engels und die nun leere Grab-Stelle deuten auf den Auferstanden hin, ohne ein Bild von ihm zu machen.

Aus der Erscheinung des Auferstandenen in Menschengestalt hat Markus eine Verklärung des Menschen Jesus gemacht. Das ist eine elegante Lösung: Für die Hebräer erscheint nicht mehr der Auferstandene in gewandelter menschlicher Gestalt, und die Hellenisten können in dieser Verklärung trotzdem noch den Auferstandenen erkennen.

3. Der Aufriss des Ur-Evangeliums als Ganzes

Aufschlussreich zur Rekonstruktion des Gesamt-Aufrisses ist der Abschnitt Lk 7,18-35 par mit der Anfrage des Johannes und der Antwort Jesu. Einerseits weist er, wie wir bereits gesehen haben, in seiner Analogie zum Zeugnis des Johannes über Jesus auf eine Fortführung der von Lukas überlieferten Vorgeschichte hin. Andererseits bietet dieser Abschnitt einen Rückblick auf das charismatische Wirken Jesu, das ihn als den erwarteten Messias kennzeichnet. Dieses Wirken hebt sich ab von einem Wirken, das in göttlichen Wundern besteht und verbunden ist mit den zwölf Aposteln. Die Zwölf stehen da auch für die nach-österliche Kirche. Dieser Zweiteilung des Wirkens Jesu entspricht eine Zweiteilung bei Johannes, die ebenfalls durch sein Zeugnis markiert ist. Zuerst wirkt Johannes allein, dann zusammen mit Jesus, der sich ihm nach der Taufe angeschlossen hat. Auf diesem Zusammenwirken in gestufter Kompetenz beruht die Notwendigkeit der Verhältnis-Bestimmung zwischen Jesus und Johannes. Die Christen mussten eine vor-österliche Sichtweise, in der Johannes, der Meister Jesu, der Grössere war, aus dem nach-österlichen Blickwinkel umkehren, damit der scheinbar kleinere Jesus zum Grösseren der beiden wurde. Der parallelisierte Aufbau, der sich in der Rekonstruktion ergeben hat, ist auch insofern korrekt, als der Anlass dazu, das Zusammenwirken der Protagonisten in gestufter Kompetenz, in ihm von der Abfolge und dem geordneten Aufbau her gesehen, einen stimmigen Platz einnimmt.

Die Rekonstruktion zeitigt folgenden Aufbau, der oben schon als Orientierungshilfe gezeigt wurde:

1. Vorgeschichte

1a. Gegenüberstellung und Verbindung von Johannes und Jesus

2. Wirken und Schicksal von Johannes dem Täufer

2a. Wüstenaufenthalt des Johannes

2b. Wirken des Johannes

2c. Zeugnis des Johannes über Jesus und Taufe des Jesus

2d. Zusammenwirken von Johannes und seinem Anhänger Jesus

2e. Gefangennahme des Johannes

3. Wirken und Schicksal Jesu

3a. Wüstenaufenthalt Jesu

3b. Wirken Jesu

3c. Zeugnis Jesu über Johannes

    2e. Hinrichtung des Johannes

3d. Zusammenwirken von Jesus und seinen Jüngern

    2f. Vermeintliche Auferstehung des Johannes

3e. Passion und Hinrichtung Jesu

3f. Auferstehung Jesu

Folgende weitere Analogien zwischen den beiden Protagonisten haben sich gezeigt: Das Leben des Johannes in der Wüste stellt eine Berufungs-Situation dar wie der entsprechende Aufenthalt Jesu. Die Gefangennahme des Täufers, die das Zusammenwirken mit Jesus beendet, bildet eine Analogie zum Leidensweg Jesu. Die Enthauptung des Täufers, die entgegen den historischen Tatsachen nach dem Wirken Jesu berichtet wird, ist eine Entsprechung zum Kreuzestod Jesu. Und der Glaube einiger, in Jesus wirkten die Kräfte des auferstandenen Täufers, ist in gewisser Weise eine Analogie zum Bericht über die Auferstehung Jesu, nur dass es sich bei Johannes um eine vermeintliche Auferstehung handelte.

Es wird oft vermutet, die zusammenhängende Schilderung der letzten Tage Jesu sei ursprünglich ein eigenständiger Bericht gewesen, der mit dem übrigen Stoff des Markus-Evangeliums, dem ein roter Faden fehlt, nachträglich verbunden wurde. Im Zusammenhang mit diesem Rekonstruktions-Versuch ist diese Sichtweise höchst unwahrscheinlich. Die sorgfältige Gliederung der vormarkinischen Schrift von Beginn weg und der parallel aufgebaute Bericht über die Tage in Jerusalem mit dem Einzug und dem Wort gegen den Tempel einerseits und der Verhöhnung als Prophet und als König andererseits scheinen aus einem Guss zu sein.

Zum besagten Abschnitt Lk 7,18-35 sei hier noch ein Hinweis gegeben: Dieser nimmt Bezug auf zwei Bereiche des Wirkens Jesu, auf seine Heilungen und auf die Mahlgemeinschaft mit Sündern. Dazu lässt sich Folgendes herausschälen:

Es fällt auf, dass Markus das Wirken Jesu nicht in dessen Heimat, sondern in Kafarnaum beginnen lässt. Der Bericht über sein Auftreten in Nazaret erfolgt wie zufällig irgendwann später. Zudem wirkt der erste Auftritt in der Synagoge von Kafarnaum wie eingeschoben zwischen der Berufung von Petrus und Andreas und dem Besuch bei der Schwiegermutter des Petrus. Wollte Markus, bei dem die Kirche als das neue Israel mehr im Vordergrund steht, die Berufung ihrer Säulen an den Anfang des Wirkens Jesu stellen? Und zeichnete er sie im Gegensatz zur Lukas-Version so als Menschenfischer, wie sie einst wirkliche, tatkräftige Fischer waren und nicht als scheiternde Fischer wie der Petrus bei Lukas? Das hat eine gewisse Plausibilität. Dann hat Markus das Debut in der Synagoge von Nazaret nach hinten verschoben und dafür nach der Berufung der Säulen der Kirche einen Auftritt in der Synagoge von Kafarnaum gebildet. Dieser streicht, anders als das Auftreten in Nazaret, den Gegensatz zu jüdischen religiösen Autoritäten heraus.[29] Die Lukas-Version der Berufung mit einem Petrus, der zuerst beim Fischfang scheiterte und sich als unwürdiger Sünder bekennt, passt viel besser zum Kontext mit der Sündenvergebung, die Jesus in Mk 2,5 dem Gelähmten zuspricht, mit der Berufung des Zöllners Levi und mit der Sündenvergebung, die er in Lk 7,48 der Sünderin zuspricht. Die Berufung des Petrus in der Lukas-Version hat einen theologischen Zusammenhang mit dieser Sündenvergebung. Und weiter: Ohne den von Markus geschaffenen Bericht über den Auftritt in der Synagoge von Kafarnaum folgt auf die Berufung des Petrus die Heilung der Schwiegermutter in dessen Haus. Ebenso folgt auf die Berufung des Levi ein Mahl in dessen Haus, das eine heilende Gemeinschaft herstellt. Folgende Analogien legen sich also nahe:

Berufung des Sünders Petrus mit Jakobus und Johannes – Berufung des Levi

Heilungen verstanden auch als Sündenvergebung – Gemeinschaft und Berührung mit Sündern verstanden auch als Sündenvergebung

Beelzebul-Vorwurf der Schriftgelehrten als Reaktion auf die Heilungen - Vorwurf der Verwandten, er sei von Sinnen, als Reaktion auf die unanständige Familie Jesu.

Diese zwei Teilbereiche des Wirkens Jesu unterlagen im Ur-Evangelium also ebenfalls einer klaren Ordnung.

[29] Markus stellt also programmatisch die Berufung der Säulen der Kirche und die Polemik gegen Autoritäten des Judentums an den Anfang.

4. Die Markus-Redaktion in Mk 1,14-10,46

Untersuchen wir auf dem Hintergrund des bis jetzt rekonstruierten Aufrisses des Ur-Evangeliums den Abschnitt Mk 1,14-10,46, der den Grossteil des Markus-Evangeliums bildet, etwas genauer. Dabei setzen wir die bisherige Rekonstruktion voraus. Die Gültigkeit der Folgerungen hier beruht zum Teil auf dem bisher Erschlossenen. Damit besteht die latente Gefahr von Zirkelschlüssen.

Mk 3,13-4,41

Es fällt auf, dass Markus die Resonanz auf die beiden in Lk 7,18-35 genannten Wirkungsbereiche, den Beelzebul-Vorwurf der Schriftgelehrten und den Vorwurf seiner Angehörigen, er sei von Sinnen, in Mk 3,20-35 ineinander verschachtelt hat. Diese ablehnenden Reaktionen sind gemeinsam vor das Gleichnis vom Sämann gesetzt, das die Antwort auf das „säende" Wirken Jesu in einem Gleichnis darstellt. Dieses Gleichnis ist seinerseits an die Wahl der Zwölf angehängt, denen Jesus den Sinn des Gleichnisses erschliesst. Die ganze Gleichnis-Rede endet dann mit der Stillung des Sturms, in dem Jesus die Zwölf auf ihre Kleingläubigkeit anspricht. Diese ganze Einheit Mk 3,13-4,41 ist eine neue Zusammenstellung des Markus. Dafür spricht neben der Ineinander-Verschachtelung der Reaktionen Folgendes: Beim Sämann-Gleichnis und dessen Deutung ist die Zuordnung zu den verschiedenen Adressaten so nicht stimmig. Das Säen betrifft mehr die Apostel und das Aufnehmen der Saat eher das Volk. Ursprünglich war das Gleichnis an die Apostel gerichtet und Markus hat die Deutung geschaffen. Er stellt damit die Kirche, symbolisiert durch die Zwölf, denen gegenüber, die Jesu Wirken ablehnen bzw. denen das Reich Gottes nicht anvertraut ist. Ursprünglich dürfte die Berufung der Zwölf und das Sämann-Gleichnis mit der Aussendung verbunden gewesen sein. Dort geht es um das Säen.

Analog zur Ineinander-Verschachtelung von Reaktionen auf Jesu Wirken hat Markus wahrscheinlich in der Gleichnis-Rede Vergleiche aus verschiedenen Kontexten zusammengefügt. Das Gleichnis vom Sämann bezieht sich auf das Wirken der Apostel, jenes vom Senfkorn auf das Reich Gottes, das in den Heilungen anbricht (vgl. Lk 11,20). Dabei dürfte das Doppel-Gleichnis vom Senfkorn und vom Sauerteig bei Lukas die ursprüngliche Form sein, entsprechend dem doppelten Vergleich zur neuen Mahlpraxis Jesu mit je einem Bild aus dem Alltag der Männer und Frauen.

Die Stillung des Seesturms in diesem Abschnitt ist eine der Markus-Doppelungen, die er durch diese Neu-Zusammenstellung in seinen Erzähl-Ablauf einfügen kann.

Vor allem inhaltlich lässt sich also der Abschnitt Mk 3,13-4,41 als Markus-Redaktion erklären. Markus stellt die Zwölf, die hier auch die Kirche als das neue Israel symbolisieren, jenen gegenüber, die Jesu Wirken oder den Glauben der Kirche an ihn ablehnen. Das hindert ihn aber nicht daran, auch den Kleinglauben der Jünger im Boot zu kritisieren, das seinerseits ebenfalls die Kirche bedeutet.

Mk 6,53-8,26

Wie Markus mit der selber gebildeten Einheit 3,13-4,41 die Doppelung der Geschichte von der Seenot einfügte, so wollte er jene der Brotvermehrung mit dieser Neuzusammenstellung 6,53-8,26 im Erzähl-Ablauf unterbringen.[30] Diese neue Einheit gestaltete Markus ausgehend von den Brotvermehrungen. Die erste führt über die Frage von Reinheit und Unreinheit und über eine Heilung bei den Heiden zur Heilung eines Taubstummen. Die zweite Brotvermehrung lenkt uns über den Unglauben der Pharisäer und den Kleinglauben der Jünger hin zur Heilung eines Blinden. Die beiden Heilungen stammen von Markus, so gekünstelt erscheinen ihre Analogien.[31] Mit der Heilung des Taubstummen ist auf die Heiden angespielt, die Gott nicht hören und ansprechen können, mit der Heilung des Blinden auf die Israeliten und auch Christen, die Gott eigentlich kennen sollten, aber blind sind für sein Wirken.

Die Heilungsgeschichten

Wenn wir von der Summe aller Heilungsgeschichten bei Markus die zwei durch die gleichartige Konstruktion gebildeten und die im Zusammenhang mit dem Gesetzes-Konflikt bzw. dem Wirken ausserhalb Israels stehenden abziehen, bleiben fünf davon übrig, die Jesus als Messias bezeugen. Diese fünf Berichte entsprechen exakt der Zusammenstellung von messianischen Verheissungen in Lk 7,22, die durch Jesus nun erfüllt wurden:
Blinde sehen: Bartimäus in Jericho, 10, 46-52
Lahme gehen: Gelähmter in Kafarnaum, 2,1-12
Aussätzige werden rein: Aussätziger, wahrscheinlich irgendwo in Galiläa, 1,40-45
Taube hören: der von einem stummen und tauben Geist besessene Junge, 9,14-29
Tote stehen auf: Tochter des Jairus am westlichen Ufer des Sees, 5,21-43

Das heisst, der bei Lukas erhaltene Vers 7,22 fasste in der vormarkinischen Schrift eine Beschreibung des Wirkens des Messias Jesus zusammen, die in Mk 1,14-2,22

---

[30] Diesen Abschnitt hat Lukas samt dem vorangehenden Seewandel weggelassen. Das Pendant zum Seewandel hat er in 8,22-25.

[31] Viel natürlicher erscheinen dagegen z.B. die Analogien zwischen der Heilung des Gelähmten und die Begegnung mit der Sünderin, die ich dem Ur-Evangelium zuordne.

noch bruchstückhaft erhalten ist. Markus hat diese Zusammenstellung von Heilungsberichten durch Um-Platzierungen und neue Zusammenstellungen aufgelöst.[32]

Die Heilung des Mannes mit der verdorrten Hand zielt in eine andere Richtung. Sie ist nicht mehr unmittelbar ein Zeichen für das messianische Wirken, sondern Anlass für den Streit um das Gesetzes-Verständnis und führt schliesslich zum Tötungsbeschluss, der Jesus gezwungen hat, sich weg von Israel zu begeben. Zwei Heilungen unter den Heiden sind bei Markus überliefert. Beide haben programmatischen Charakter und dürften darum aus dem Ur-Evangelium und nicht aus einer andern Quelle stammen. Die Heilung der Tochter der Syrophönizierin ist die Tat des Charismatikers Jesus, die Austreibung einer Legion Dämonen, die eine Schweineherde in den See stürzen, ist die Tat des göttlichen Jesus. Das heisst, diese gehört ursprünglich zu dem Abschnitt, in dem Jesus im Zusammenwirken mit den Zwölfen ein paar tausend Hungrige speist und einen Sturm stillend das Boot der Kirche rettet. Die Austreibung einer Legion Dämonen in Gerasa besagt, dass das in Jesu Geist und im Wirken der Apostel sich über die Heidenwelt ausbreitende Reich Gottes Macht hat über das Dämonische in der Heidenwelt, die ihre Macht von ihren Legionen herleitet. Die unreinen Schweine, die ins Wasser stürzen, zeigen an, dass die Unreinheit der Heiden mit der Annahme des Glaubens an Jesus ein Ende hat. Ebenso programmatischen Charakter hat die Heilung der Tochter der Syrophönizierin. Zuerst soll zwar Israel in den Genuss des Wirkens Jesu kommen. Aber dem Anstoss der Situation gehorchend können und sollen auch Nicht-Israeliten davon profitieren. Diese Episode, die Markus in eine von ihm gebildete Einheit hineinverschoben hat, stand ursprünglich wohl im Kontext des Tötungs-Beschlusses gegen Jesus. Er musste ja in heidnisches Gebiet ausweichen und notgedrungen dort wirken.[33]

---

[32] Wie Lukas den Abschnitt 7,18-35 in den Aufriss des Markus integriert, zeigt seine Redaktionsweise. Er fügt ihn zusammen mit seiner sogenannten Feld-Rede vor der von Markus stammenden Gleichnis-Rede ein. Und er stellt der Abfolge des Verses 7,22 und damit wohl auch dem Aufbau des Ur-Evangeliums entsprechend eine Toten-Erweckung vor diesen Abschnitt. Er belässt also die Erweckung der Tochter des Jaïrus in dem Zusammenhang, in den sie Markus gestellt hatte. Dafür kreiert er eine neue Toten-Erweckung in Naïn. Und aus dem Synagogen-Vorsteher, der eine kranke Tochter zu Hause hat, macht er einen heidnischen Hauptmann, der einen kranken Diener zu Hause hat. Im Ensemble der Erweckung in Naïn und der Heilung des Dieners des Hauptmanns wurde die ursprüngliche Auferweckungs- und Heilungs-Erzählung Mk 5,21-43 neu gesplittet.

[33] Die Versionen des Mt und Mk mit den verschiedenen Bezeichnungen der Frau können auf unterschiedliche Formulierungen der Hebräer und Hellenisten zurückgehen. Die Hebräer in der Heimat Israel bezeichneten die Heidin als Kanaanäerin und die Hellenisten aus der antiken Umwelt mit der mehr geographischen Bezeichnung „Syrophönizierin". Das Gleiche könnte für die abweichenden Bezeichnungen Gerasa und Gadara gelten.

Durch die Herauslösung der zwei Neu-Zusammenstellungen Mk 3,13-4,41 und Mk 6,53-8,26 und die Zuordnung der Heilungsgeschichten zu den besagten Bereichen wird im Abschnitt Mk 1,14-10,46 etwas vom Aufbau des Ur-Evangeliums sichtbar. Einem mit einer Berufung eingeleiteten Abschnitt mit Heilungsberichten folgt einer mit Geschichten zum Umgang mit Sündern und Sünderinnen. Darauf folgen Berichte zum Gesetzes-Verständnis und diesen wiederum, wenn wir den Auftritt in Nazaret für den Beginn des Wirkens Jesu halten, der Abschnitt mit den Zwölfen als Co-Protagonisten. Das Bekenntnis des Petrus mit der Leidens-Ankündigung leitet dann über zum Einzug in Jerusalem mit der Passion. Der Abschnitt dazwischen dürfte ebenfalls eine neue Zusammenstellung zur Gemeinde-Unterweisung im Anschluss an die Zurechtweisung des Petrus sein, die mithilfe einer zweiten und dritten Ankündigung gegliedert wurde.[34]

Doppelgleichnisse

Der Autor des Ur-Evangeliums arbeitete sehr stark mit Parallel-Bildungen. Dazu angeregt hat ihn sicher auch das Verhältnis von Jesus zu Johannes dem Täufer und Analogien in ihren Lebensläufen und Schicksalen. Er bildete aber auch unabhängig von diesem Verhältnis Analogien, zum Beispiel im Bericht über den Einzug in Jerusalem, wo sich der Einzug und die Tempel-Aktion in entsprechenden Verspottungen widerspiegeln. Oder die Heilungen und der Umgang Jesu mit Sündern sind gleichartig geschildert. Ebenso scheinen die Vergleiche Jesu die Form der Analogie gehabt zu haben. Der doppelte Vergleich im Zusammenhang mit der Fastenfrage nimmt mit den Weinschläuchen Bezug auf die Welt der Männer und mit dem Kleiderstoff auf die Welt der Frauen.

Das Senfkorn-Gleichnis, das Markus in seiner Rede überliefert, hat ursprünglich auf die gleiche Art zum Gleichnis vom Sauerteig gehört, wie Lk 13,18-21 zeigt. Dieses Doppelgleichnis bezog sich auf das heilende Wirken Jesu, in dem das Reich Gottes anbrach, wie an Lk 11,20 abzulesen ist. Markus ersetzte den Vergleich aus der Welt der Frauen durch das wohl von ihm selbst gebildete Gleichnis vom Wachsen der Saat.[35]

[34] In diesen Zusammenhang der Zurechtweisung des Petrus dürfte auch jene der Zebedäus-Söhne gehört haben. Die zwei Heilungen und die Verklärung werden in diesem Rekonstruktions-Versuch einem andern Abschnitt zugeordnet. Das gilt auch für die Geschichte vom reichen Jüngling, wie im Abschnitt zu den Doppelgleichnissen unten zu sehen sein wird. Die Verdreifachung der Leidensankündigung ist auch eine Entsprechung zur dreimaligen Verleugnung des Petrus. Diese hat aber nicht zur ursprünglichen Version des Ur-Evangeliums gehört, wie wir im Abschnitt 3 zu dessen Entstehungs-Hintergrund noch sehen werden.

[35] Dass die Lebenswelt und die Arbeit der Frauen auf diese Weise sichtbar gemacht werden, ist auffallend im Kontext der damals herrschenden sehr patriarchalischen Kultur. Vgl. Gerd Theissen und Annette Merz,

Das Bild vom Sauerteig hat Markus dann in 8,14-21 vom Reich Gottes auf die Pharisäer übertragen. Zu den Sorgen, die sich die Jünger an dieser Stelle machen, passt ein anderes Doppelgleichnis, das einmal in diesem Zusammenhang gestanden haben dürfte. Gemeint ist jenes von den Vögeln des Himmels und den Lilien des Feldes, das Lukas und Matthäus wieder aufgenommen haben.
Der doppelte Vergleich von der verlorenen Drachme und dem verlorenen Schaf gehört zum Umgang Jesu mit Sündern. Aufgrund all der Analogien in der Schilderung dieses Teils des Wirkens Jesu zu dem der Heilungen ist anzunehmen, dass dieser doppelte Vergleich genauso zum Ur-Evangelium gehört hat wie jener von Senfkorn und Sauerteig.
Des Weiteren scheint es einen doppelten Vergleich dazu gegeben zu haben, wie das Reich Gottes anzunehmen ist. Es sind die von Matthäus überlieferten Vergleiche vom Schatz im Acker und von der Perle. Diese sind nicht schön symmetrisch gestaltet; der Vergleich mit der Perle wirkt verkürzt. In ihm ist nichts über die Umstände des Findens und des definitiven Sich-Aneignens vermerkt. Dies deutet auf eine Bearbeitung durch Matthäus hin. Gut denkbar, dass er dabei eine ursprünglich weibliche Finderin durch einen Kaufmann ersetzt hat. Lukas hat diesen doppelten Vergleich in 14,28-33 in eine Neuschöpfung überführt, wo es um den Verzicht auf Besitz geht, um nach einer Fundament-Legung oder trotz widriger Umstände in der Lage zu bleiben, ins Reich Gottes einzugehen. Christen, die das Reich Gottes schon angenommen haben, bei denen das Fundament bereits gelegt ist, spricht er an. Von Markus wurde dieser Vergleich in die Geschichte vom reichen Jüngling überführt. Er hat aus dem Vergleich eine lehrhafte Geschichte für die christliche Gemeinde gemacht. Für eine Neuschöpfung durch Markus spricht auch die Relativierung der Forderung gemäss der Abstufung „die Gebote halten" und „alles verlassen".[36] Der vormarkinische doppelte Vergleich zur Annahme des Reiches Gottes kann in Verbindung mit der Kindersegnung gesehen werden, an die sich die Geschichte vom reichen Jüngling ja anschliesst. Kinder können vorbehaltslos etwas annehmen. Im Gegensatz dazu stehen in Mk 8,11-13

S. 207f. Dieser Anstoss Jesu, dass Frau und Mann als gleichwertig anzusehen sind, wurde schon in der zweiten christlichen Generation im Sinne der patriarchalen Mentalität wieder korrigiert. Das zeigt Kol 3,11, wo der Passus der Gleichheit von Mann und Frau, die Paulus in Gal 3,28 herausstellte, getilgt wurde. Dank dem Lukas-Evangelium kann dieselbe korrigierende Tendenz bei Markus in Bezug auf das Ur-Evangelium aufgezeigt werden.

[36] Die Antwort auf die Lohnfrage mit dem hundertfachen Lohn klingt an die Auslegung des Gleichnisses vom Sämann an, das vom hundertfachen Fruchtbringen spricht. Sowohl die Antwort auf die Lohnfrage als auch die Auslegung des Gleichnisses gilt jeweils denen, die im Gegensatz zu den andern mit dem Reich Gottes vertraut sind.

par einige Pharisäer, die nur glauben wollen aufgrund von Zeichen, die zudem noch in ihr Konzept passen müssen.

Die Aussendung der Apostel zu zweit durch Jesus muss als Sendung von Ehepaaren gesehen werden, wie Martin Ebner einleuchtend aufzeigt.[37] Das heisst, auch das Gleichnis vom Sämann, das sich auf die Tätigkeit der Apostelinnen und Apostel bezieht, muss als Doppelgleichnis existiert haben. Dafür gibt es ein gutes Indiz: Im Thomas-Evangelium sind im Logion 96 und 97 zwei Logien zusammengestellt, in denen es um die Tätigkeit von Frauen geht. Das Logion 96 spricht von einer Frau, die etwas Sauerteig nahm, diesen mit ihrem Teig vermengte und dann daraus grosse Brote buk. Dieses Logion ist eine Entsprechung zum Gleichnis vom Sauerteig, nur fehlt die Pointe, dass die kleine Menge Sauerteig einen ganzen Trog Mehl zu durchsäuern vermag. Ebenso kann das Logion 97 als weibliche Entsprechung zum Gleichnis vom Sämann gesehen werden, bei dem die Pointe von der unterschiedlichen Aufnahme von etwas Gegebenem, fehlt. Das Logion spricht von einer Frau, die Mehl in einen Krug schüttete und es auf dem Rücken nach Hause trug. Unterwegs brach der Henkel und das Mehl rieselte heraus. Zu Hause stellte die Frau fest, dass der Krug leer war. Dieses Logion könnte sehr gut mit der Pointe gedacht werden, dass die Frau ihr Mehl in zwei, drei Krüge schüttete. Ein Krug behielt das Mehl, während der andere oder die anderen es aus irgendeinem Grund verloren. Das Mehl bedeutet dann in Analogie zum gesäten Samen das verkündigte Wort und die Krüge in der Entsprechung zu den verschiedenen Böden die Hörer des Wortes.

Auch hinter dem Wort vom Salz und vom Licht ist ein ursprüngliches Doppelgleichnis zu vermuten, das vom Reich Gottes spricht, das den Jüngern und Jüngerinnen anvertraut ist.[38] Der Vergleich mit dem Licht, das man anzündet, um es auf einen Leuchter zu stellen, damit es allen leuchte, ist bei Matthäus vollständiger erhalten als bei Markus, wo der Vergleich nichts mehr über den Zweck des Anzündens sagt. Analog dazu würde der Vergleich mit dem Salz in etwa gelautet haben: Mit dem Reich Gottes, das euch anvertraut ist, ist es wie mit (gutem) Salz. Man bewahrt es nicht auf, bis es seinen Geschmack verliert, sondern mischt es unter die zu bereitende Speise, damit diese allen schmecke.

Es gibt also Vergleiche, die beziehen sich auf das Reich Gottes, das der Charismatiker Jesus verkündet. Es sind dies Vergleiche, die etwas vom Reich Gottes verständlich machen wollen, damit Widerstände und Vorbehalte abgebaut werden können. Dazu gehören die Vergleiche vom kleinen Anfang, von den zu suchenden Verlorenen und vom vollständigen Setzen auf die Karte des Reiches Gottes. Und es gibt Vergleiche,

---

[37] Vgl. S. 149-153.

[38] Ein Widerhall davon findet sich in Mk 4,11 und 4,21.

die beziehen sich auf das Reich Gottes, das in der Gemeinschaft der Jüngerinnen und Jünger, bzw. der Kirche bereits Fuss gefasst hat. Es sind dies Anspielungen darauf, wie es sich lebt in der Logik des Reiches Gottes. Dazu gehören die Parallelen zur Verkündigung, von der auf andere ausgeübten Wirkung, vom bedingungslosen Vertrauen auf Gottes Fürsorge.

Im hier genauer untersuchten Abschnitt Mk 1,14-10,46 erfahren die bereits festgestellten Analogien zwischen den Heilungen Jesu und seiner Gemeinschaft mit den Sündern eine Erweiterung durch die Doppelvergleiche. Das Gleichnis vom Senfkorn bzw. vom Sauerteig reagiert auf einen Einwand, der die Zweckmässigkeit einzelner Heilungen für das Kommen des Reiches Gottes infrage stellte. Das Gleichnis vom verlorenen Schaf bzw. der verlorenen Drachme steht einem Einwand gegenüber, der sich gegen die Gemeinschaft mit Sünderinnen und Sünder erhob.

Das Wirken Jesu insgesamt ist in die Teile mit dem charismatisch agierenden Wanderprediger Jesus und mit dem in göttlicher Macht wirkenden Jesus gegliedert. Letzterer steht in Verbindung mit den zwölf Aposteln. Der Charismatiker erweist sich als Messias und der mit göttlicher Macht Wirkende als Sohn Gottes. Die Beschreibung Jesu als Messias bezieht sich hauptsächlich auf sein irdisches Handeln, jene als Sohn Gottes auf sein nach-österliches Wirken in der Kirche und durch die Kirche. Das wird deutlich am Wirken unter den Heiden. Die Tochter einer heidnischen Frau wird vom Wanderprediger Jesus geheilt, der dem Herrschaftsbereich des Herodes entflohen war. Und eine Legion von Dämonen wird im missionarischen Wirken der Apostel durch die Kraft des auferstandenen Jesus vertrieben. Der Geheilte, der für die Heidenwelt steht, ist nicht mehr unrein, wie die sich ertränkende Schweineherde anzeigt. Die trennendende Wand zwischen Juden und Heiden ist durch den Auferstandenen aufgehoben.[39] Nicht nur im Wirken unter den Heiden, sondern auch bei den Todes-Beschlüssen gegen Jesus geht es einmal um den Charismatiker Jesus und einmal um den Sohn Gottes. Einige Pharisäer und die Herodianer fassen einen Todes-Beschluss wegen der Übertretung des Sabbat-Gebots. Der Hohe Rat tut dies wegen der Tempel-Aktion Jesu. Letztere war zwar historisch die Tat des Menschen Jesus. Aber diese Handlung vollbringt er in den Evangelien als Sohn Gottes. Die Schilderung des Einzugs in Jerusalem und die anschliessende Tempel-Aktion weisen auf eine Erneuerung

[39] Wie die Heilung des Besessenen von Gerasa können auch die Brotvermehrung und die Rettung aus Seenot gut auf nach-österliche Ereignisse in der Kirche bezogen werden, wie das hier folgende Kapitel zum Entstehungs-Hintergrund des Ur-Evangeliums zeigen wird.

des Tempel-Gottesdienstes hin.[40] In der primären Hellenisten-Version des Ur-Evangeliums kündigt Jesus die Errichtung eines neuen Tempels in drei Tagen an. Jesus, der Knecht Gottes, der unschuldig am Kreuz die Schuld der Menschen auf sich nimmt und so die ganze Menschheit mit Gott versöhnen kann, ist der göttliche Jesus, der am dritten Tag von den Toten auferweckt wurde.

Das Ur-Evangelium wirft also einen separaten Blick auf den irdischen Jesus, den seine Anhänger als Messias betrachteten, und auf den auferstanden Jesus, der von ihnen als Sohn Gottes erkannt wurde. Aber der irdische Jesus wird dadurch nicht grundsätzlich vom auferstandenen getrennt. Jesus ist in Jerusalem, wie bereits festgestellt, sowohl der irdische Jesus als auch der Sohn Gottes. Die Berufung der drei Säulen Petrus, Jakobus und Johannes zu Beginn des charismatischen Wirkens Jesu nimmt Bezug auf eine nach-österliche Gegebenheit der Kirche. Und umgekehrt ist die Wahl der zwölf Apostel zu Beginn des Abschnittes über das Wirken des göttlichen Jesus eine vor-österliche Symbol-Handlung des historischen Jesus.

[40] Diese Schilderung ist unter anderem eine Anspielung auf die Führer der Makkabäer, die nach der Entweihung des Tempels in Jerusalem einzogen, um den rechten Tempel-Gottesdienst wieder herzustellen. Vgl. M. Ebner, S. 194-203, insbesondere S. 202.

III. Hintergrund der Entstehung

1. Zwei die Urkirche prägende Ereignisse

Wir sind auf deutliche Spuren einer vormarkinischen Schrift gestossen, die wir zu Recht als Ur-Evangelium bezeichnen können. Wann, wo und auf welchem Hintergrund könnte dieses Ur-Evangelium entstanden sein? Etwas besonders Auffälliges gibt uns einen Hinweis: Zwei der Wunderberichte, die nicht dem charismatisch wirkenden Jesus zuzuschreiben sind, können mit zwei Ereignissen in Verbindung gebracht werden, die zeitlich sehr nahe zusammenliegen und eine äusserst grosse Bedeutung für die christlichen Gemeinden haben mussten. Es geht um die Brotvermehrung und die Beherrschung der Naturgewalt bei Seenot.

Die Brotvermehrung ist so geschildert, dass die fünftausend Menschen in Gruppen zu hundert und zu fünfzig gespeist werden. Diese nicht zufällige Aussage deutet auf christliche Gemeinden hin, die zusammengenommen vier- bis fünftausend Menschen zählten. Denn um das Jahr 47 herrschte in Judäa eine Hungersnot. Es ist gut vorstellbar, dass da die Christen Judäas und vielleicht auch ausserhalb Judäas mit dem verhältnismässig Wenigen, das sie hatten, Solidarität geübt haben und so alle Christen wie durch ein Wunder über diese Hungersnot hinweg kamen. Und die Not im Boot auf dem See, über die Jesus Herr wird, passt zum Streit, der um die Frage ausgebrochen war, ob die Heidenchristen sich beschneiden lassen müssen. Der Zwist war für die sehr junge Kirche bedrohlich. Dass er auf dem sogenannten Apostelkonzil beigelegt werden konnten, empfand man als ein Wunder, bei dem der Auferstandene seine Hand im Spiel hatte.[41] Mit der hellenistischen Rettungsversion aus der Seenot ist bei Matthäus der Seewandel des Petrus verbunden. Petrus ist zuerst mutig und beginnt dann zu zweifeln, ehe er von Jesus gerettet wird. Das spielt darauf an, dass er vorerst aufgrund einer Vision dafür einstand, dass die jüdischen Reinheitsgebote für die Christen aus dem Heidentum nicht mehr gelten[42], dann aber aus Menschenfurcht nicht mehr mit diesen Christen zusammen ass. Schliesslich setzte er sich auf dem sogenannten Apostelkonzil mit seiner Autorität klar dafür ein, dass die Heidenchristen die Reinheitsgebote nicht zu halten haben.[43] Anschliessend an diese Geschichte[44] bekennt er Jesus als

[41] Bei Markus bekommen diese Berichte schon typologischen Charakter, losgelöst vom ursprünglichen historischen Zusammenhang. Darum kann er sie doppeln. Siehe dazu die Anmerkung unten zur Verleugnung Jesu, die bei Markus ebenfalls mehr typologischen Charakter angenommen hat.

[42] Vgl. Apg 10,1-11,18.

[43] In diesem Kontext dürfte im Ur-Evangelium die Austreibung einer Legion Dämonen gestanden haben, ebenfalls eine Tat des göttlichen Jesus. Der von einer Legion Besessene steht für die Heidenwelt. Diese wird

Sohn Gottes und Jesus bezeichnet ihn als den Fels der Kirche. Matthäus dürfte die vollständige hellenistische Version der Rettung aus Seenot überliefern. In der Sicht der Hellenisten, von denen die Heidenmission ausging, erwies sich Petrus in diesem Moment als Fels der Kirche. Die Hebräer, die auf dem sogenannten Apostelkonzil zum Nachgeben gebracht wurden, wollten Petrus wohl in diesem Zusammenhang lieber nicht als Fels der Kirche bezeichnen. Statt der Unbeständigkeit des Petrus in diesem Kontext dürfte die Hebräer-Version die wankelmütige Reaktion des Petrus im Zusammenhang mit der Verhaftung Jesu eingebaut haben. Petrus war zuerst entschlossen, mit Jesus nötigenfalls in den Tod zu gehen, verlor dann den Mut, trat aber später nach der Auferstehung mutig für Jesus auf. Darum gehört in der Hebräer-Version zur Verleugnung auch die Frage Jesu, ob er ihn liebe, verbunden mit dem Auftrag zum Hirtenamt, wie bei Johannes überliefert. Dieser Auftrag steht also für das mutige Auftreten des Petrus nach Ostern.[45] Die Berufung zum Hirtenamt entspricht dem Wort vom Fels der Kirche in der Hellenisten-Version.[46]

Hier wird also nicht nur der nach-österliche Glaube an Jesus in eine vor-österliche Szenerie hineinverlegt wie etwa in der Vorgeschichte, sondern in diesem Glauben gedeutete nach-österliche Ereignisse. Dieser Sachverhalt zeigt die äusserst grosse Bedeu-

---

durch die Austreibung der Dämonen, d.h. durch die Annahme des Glaubens rein. Das ist angedeutet durch die Schweine, die sich im Wasser des Sees ertränken.

[44] Vgl. Abschnitt II.2.2.

[45] Die dreimalige Verleugnung und die dreimalige Frage sind auch vom Stilmittel her ursprünglich aufeinander bezogen. Die Fragen Jesu mit den Antworten des Petrus hatten ihren ursprünglichen Platz wohl da, wo Jesus sich bei Lukas nach dem Hahnenschrei zu Petrus umwendet und ihn anschaut. Lukas gibt diese im Johannes-Evangelium erhaltene Passage des Ur-Evangeliums in 22,32 umgeformt wieder. Auf diese Weise hält er sich an Markus und greift zugleich auf das Ur-Evangelium zurück.

[46] Die Hellenisten-Version zum wankelmütigen Petrus beinhaltete den mutigen Seewandel des Petrus, den Untergang, die Rettung, das „Sohn Gottes-Bekenntnis" und das Wort Jesu vom Fels. Die Hebräer-Version entsprach dem so: Die mutige Beteuerung des Petrus, die Verleugnung, der liebende Blick Jesu, das Liebes-Bekenntnis und der Auftrag zum Hirtenamt. Markus gibt also in der Beteuerung und der Verleugnung des Petrus anstelle des versuchten Seewandels und im Messias-Bekenntnis anstelle des Sohn Gottes-Bekenntnisses ausnahmsweise allein die Hebräer-Version wieder (ein Sohn Gottes-Bekenntnis legt in der Hebräer-Version bei ihm vor der jüdischen Kammer ab). Das Wort vom Fels der Kirche bzw. den Auftrag zum Hirtenamt lässt Markus weg. Petrus lebte nicht mehr. Er verkörpert im Markus-Evangelium einfach den Apostel. Das zeigt sich auch in seiner Berufung, wo er gegenüber Jakobus und Johannes nicht mehr herausgehoben ist. Die Beteuerung und Verleugnung des Petrus stellen grundmenschliche Reaktionen dar und sind für Markus so von Interesse. Das Verhalten in der Gesetzesfrage war hingegen von Bedeutung in einer vergangenen Situation. Die Rettung aus Seenot, die ebenfalls auf den Streit in dieser Frage bezogen war, hat darum bei Markus auch typologischen Charakter. Sie steht auch ganz allgemein für die Kirche, die immer wieder vom Auferstanden gerettet wird. Darum kann Markus diesen Bericht an zwei verschiedenen Stellen wiedergeben. Dasselbe gilt für die Brotvermehrung.

tung dieser Ereignisse für die damaligen Christen. In diesen Ereignissen wurden nicht nur Notsituationen gemeistert, sondern das kirchliche Selbstbewusstsein musste sich dadurch verstärkt haben. In der Streitfrage um die Gültigkeit des Gesetzes für die Heiden-Christen wurde in eigener Regie eine von allen akzeptierte Lösung gefunden. Die Christen wurden sich ihrer eigenen Bedeutung bewusst, einer Kompetenz, die sogar vom Halten der Reinheitsgebote dispensieren konnte. Das musste das Bewusstsein, eine eigenständige Gemeinschaft zu sein, enorm gesteigert haben. Dass sich die Kirche in Folge dieser Ereignisse eine eigene Glaubens-Schrift gab, ist leicht nachvollziehbar.

2. Autorenschaft

Wir können die Entstehung des Ur-Evangeliums nach den Jahren 47/48 einordnen. Die Beschreibung des Wirkens Jesu in Jerusalem weist mit ihrem Aufbau, in dem Jesus im Hinblick auf den Einzug in die Stadt als König und in Bezugnahme auf die Tempelaktion als Prophet verspottet wird, klar auf einen Ursprung im Kreis der Hellenisten hin. Das ist einleuchtend, denn diese standen mit ihrer Haltung zum Tempel dem traditionellen Judentum ferner als die Hebräer und hatten so ein ausgeprägteres kirchliches Selbstbewusstsein. Wenn wir die Entstehung so eingrenzen, bietet es sich an, Barnabas als möglichen Autor in Betracht zu ziehen. Bei der Rolle, die jener in Antiochia, dem Zentrum der Hellenisten spielte und der Wertschätzung, die er von allen Seiten genoss, ist das denkbar. Die auffällige Beschreibung in Apg 11,23, in der er als trefflicher Mann, erfüllt vom Heiligen Geist und von Glauben, bezeichnet wird, scheint sogar so etwas anzutönen.[47] Es ist zwar einiges von seinem Wirken erwähnt, aber diese Charakterisierung zusammen mit dem Hinweis auf ihn in der Beschreibung der urchristlichen Gemeinde in Apg 4,36-37 deutet an, dass seine Autorität über das von ihm Berichtete hinausging. Dass Barnabas in der Frage der Geltung des Gesetzes für die Heidenchristen selber einknickte, indem er sich, dem Beispiel des Petrus folgend, plötzlich von den Heidenchristen beim Essen fernhielt, spricht nicht gegen ihn als Verfasser. Im Gegenteil: Das eigene Versagen in dieser Sache kann die existentielle Schilderung des Untergehens und Herausgezogen-Werdens angestossen haben.

[47] Diese wertschätzende Charakterisierung des Lukas stimmt mit seiner Redaktionsweise überein. Lukas orientiert sich zwar primär am nun geltenden Markus-Evangelium (dazu ein Hinweis gleich weiter unten), greift aber gerne auf die vormarkinische Schrift zurück. Das Gleichnis von den Winzern z.B. gleicht er wieder mehr der ursprünglichen, weniger polemischen Form an. Und er teilt mit dem Verfasser des Ur-Evangeliums eine Wertschätzung der Frauen (vgl. die Einfügung der Begegnung Jesu mit der Sünderin), die bei Markus weniger gegeben ist.

Dieses Ur-Evangelium der Hellenisten trug deutliche hellenistische Züge, was die Bezeichnung dieser Gruppe einleuchtend macht. Die Darstellung der Tempelaktion, die dem Tempel die Legitimation entzog, und der Bericht über den Auferstandenen in gewandelter menschlicher Gestalt waren für die Hebräer nicht annehmbar. Darum wäre es gut verständlich, dass sie eine eigene Version eines Ur-Evangeliums schufen. Nachvollziehbar erscheint das auch aufgrund der Art und Weise, wie das Miteinander der verschiedenen Gruppen der Urkirche funktionierte. Wie man in der Streitfrage um die Beschneidung eine gemeinschaftliche Lösung gefunden hat, so wäre das auch bei der Schaffung einer gemeinschaftlichen Glaubensschrift der Fall.[48] Die Methode, mit der Markus versucht, Versionen von Hellenisten und Hebräern gleichwertig zusammenzubringen, setzt zudem voraus, dass eine gleichartige und gleichwertige Glaubensschrift beider Gruppen existierte. Dass die Hebräer kein eigenes Ur-Evangelium hatten wie die Hellenisten, sondern nur einzelne parallele Traditionen, die Markus dann verarbeitet hat, ist unwahrscheinlich. Die unterschiedlichen Umdeutungen der historischen Tempelaktion gibt Markus direkt oder indirekt wieder, obwohl die inzwischen eingetretene Zerstörung diese Umdeutungen hinfällig machte. Diese Wiedergabe ist vor allem aus dem Bemühen heraus plausibel, festgeschriebene Traditionen gleichwertig zusammenzuführen. Die Brotvermehrung verdoppelt Markus, obwohl es für den Glauben nicht von Belang ist, ob nun sieben oder zwölf Körbe mit Essensresten gefüllt wurden. Beide Versionen müssen trotzdem für etwas Wichtiges gestanden haben, eben für das Ur-Evangelium der Hebräer und das der Hellenisten.

3. Gründe für das gänzliche Verschwinden

Warum erwähnt die Apostelgeschichte nirgends ein Ur-Evangelium? Wenn es so war, dass es in zwei verschiedenen Versionen bei den Christen Geltung hatte, war bestimmt eine Geschichte mit der Entstehung dieser zwei Versionen verbunden, die einen Bericht wert gewesen wäre. Dazu ist Folgendes zu bedenken: Vom Ur-Evangelium ist nichts erhalten. Es ist völlig verschwunden, wenn es denn existierte. Es gibt keine Fragmente davon und im Bewusstsein der Kirche hat sich keine diesbezügliche Erinnerung erhalten. Warum ist dieses Ur-Evangelium nicht überliefert worden? Darauf gibt die Annahme, auf welchen Umstand die Verfassung des Markus-Evangeliums reagiert hat, einen Hinweis. Das Markus-Evangelium wurde verfasst, damit sich die

[48] Beide Male wurde mit einem Kompromiss auf die Hebräer Rücksicht genommen. Die vom Gesetz befreiten Heidenchristen sollten Götzenopferfleisch, Blut, Ersticktes und jede Art von Unzucht meiden und so dem Empfinden der Hebräer entgegenkommen. Und den Hebräern, die das von Hellenisten geschaffene Evangelium auch für sich akzeptierten, wurden Änderungen daran zugestanden.

Kirche auf die Trennung vom Judentum einstellen konnte. In dieser Situation wurde eine einheitliche Glaubensschrift für Hebräer und Hellenisten, die absolut einmütig Stellung bezog gegenüber dem Judentum, eine Notwendigkeit. Unter diesen Umständen war es unumgänglich, das Ur-Evangelium ausser Geltung zu setzen. Verständlich darum auch, dass Lukas in der Apostelgeschichte nichts über die Einführung einer ersten Glaubensschrift berichtet. Die Apostelgeschichte informiert über das in der Geschichte der Kirche, was für ihre Konsolidierung und Zukunft von Bedeutung ist. Die Vergangenheit steht im Dienst einer Zukunftsperspektive. An der Wiedergabe der Geschichte als solchen ist sie kaum interessiert und schon gar nicht am Bericht eines Faktums, das es hinter sich zu lassen galt. Diesen Gegebenheiten entspricht der Umgang des Lukas mit seinen Vorlagen. Für ihn ist das Markus-Evangelium die massgebende Schrift. Dessen Aufriss und Sichtweisen in Bezug auf die Kirche behält er bei, auch wenn er auf das Ur-Evangelium zurückgreift. Für ihn hat das Markus-Evangelium Priorität bei allem Interesse an früheren Überlieferungen.[49] Auch Matthäus folgt den Tendenzen bzw. Sichtweisen des Markus-Evangeliums, auch wenn er den dessen Aufriss völlig über den Haufen wirft. Der Bericht über den versuchten Seewandel des Petrus oder die Erwähnung des Widerwillens des Johannes, Jesus zu taufen, lassen erkennen, dass er das Ur-Evangelium gekannt hat. Denn beides scheint auf dieses zurückzugehen und beides überliefert nur er. Aber in seiner Redaktion bezieht Matthäus sich sonst kaum auf das Ur-Evangelium, sondern führt die Prägung des Markus fort. Die Polemik gegen die jüdischen Autoritäten, die bei Markus anhebt, verstärkt sich bei ihm. Und die Kirche wird noch mehr zum neuen Israel, indem er Jesus zum neuen Mose stilisiert. In seiner Vorgeschichte bezieht sich Matthäus in der Weise auf das Ur-Evangelium, dass er eine Alternative dazu bildet. Eine gegenläufige Tendenz zum Markus-Evangelium ist indessen bei Matthäus aber festzustellen: Johannes nimmt bei ihm wieder mehr Raum ein. Die Beschreibung seines Wirkens ist umfangreicher und seine Anfrage an Jesus mit dem Zeugnis Jesu über ihn überliefert Matthäus auch. In beidem ist das Matthäus-Evangelium dem Lukas-Evangelium sehr ähnlich. Die Vorgeschichte des Matthäus ist aber eine Alternative zu der des Lukas. Gut denkbar ist von daher, dass Matthäus sein Evangelium für die Judenchristen geschaffen hat als Alternative zum lukanischen Doppelwerk. Da er nicht daran interessiert war, die Ausbreitung des Glaubens unter den Heiden zu schildern, lässt er den auferstandenen Jesus den Seinen den Auftrag geben, zu allen Völkern zu gehen und die Menschen zu

[49] Einzig die Doppelungen des Markus behält er nicht bei. Das Markus-Evangelium war inzwischen wohl schon zu einer von allen Seiten anerkannten Schrift geworden und sorgte mit seiner Autorität für den Zusammenhalt von Hellenisten und Hebräern. So musste sich Lukas nicht mehr dieses Problem beachten beim Verfassen seines Evangeliums.

seinen Jüngern zu machen. Auf diese Ausbreitung nimmt er auch in der Vorgeschichte Bezug, wo die drei Weisen, die zum Jesuskind kommen, für die heidnischen Völker stehen. Die sogenannte Feld-Rede des Lukas-Evangeliums macht Matthäus zu einer Bergpredigt in Anlehnung an die zehn Gebote, die Mose auf dem Berg von Gott empfangen hatte. Dass Matthäus ein alternatives Evangelium für die Judenchristen schafft, entspricht derselben Logik, in der früher ein alternatives Evangelium für die Hebräer geschaffen worden war.

Wenn Lukas und Matthäus mit etwas zeitlichem Abstand zur Trennung der Kirche vom Judentum ein Evangelium für die Heidenchristen und die Judenchristen, also für die beiden neuen Hauptgruppen der Kirche schreiben, ist für sie das Markus-Evangelium die geltende Autorität. Das Ur-Evangelium ist verloren gegangen, weil es seine Geltung verloren hatte – mehr noch, weil es aufgrund seiner zwei Versionen seine Geltung verlieren musste.

IV. Die Redaktion der Markus

1. Die Übersicht über die Markus-Redaktion

Zuerst gebe ich, ausgehend vom Rekonstruktionsversuch, eine Übersicht über die Redaktions-Arbeit des Markus. Seine Arbeit ist genauso eine nur vermutete wie die Rekonstruktion des Ur-Evangeliums eine Vermutung ist. Die Abschnitte der Rekonstruktion sind ihren Aufbau verdeutlichend mit 2a, 3a… gekennzeichnet und die einzelnen Abschnitte des Markus-Evangeliums werden diesen Abschnitten zugeordnet.

Die Abschnitte des Ur-Evangeliums nummeriert:

1. Vorgeschichte: Gegenüberstellung und Verbindung von Johannes und Jesus

2. Wirken und Schicksal des Johannes des Täufers

2a. Wüstenaufenthalt des Johannes

2b. Wirken des Johannes

2c. Zeugnis des Johannes über Jesus und Taufe des Jesus

2d. Zusammenwirken von Johannes und seinem Anhänger Jesus

2e. Gefangennahme des Johannes

3. Wirken und Schicksal Jesu

3a. Wüstenaufenthalt Jesu

3b. Wirken Jesu
3ba. Heilungen
3bb. Mahlgemeinschaft
3bc. Gebote im Dienst des Menschen
3bd. Annahme des Reiches Gottes

3c. Zeugnis Jesu über Johannes

    2e. Hinrichtung des Johannes

3d. Zusammenwirken von Jesus und seinen Jüngern

    2g. Vermeintliche Auferstehung des Johannes (inklusiv in 3d)

3e. Passion und Hinrichtung Jesu

3f. Auferstehung Jesu

Die Zuordnung der einzelnen Abschnitte des Markus-Evangeliums zu den Abschnitten im Ur-Evangelium:

Mk 1,1: **Einbau des Markus**
Mk 1,2: **3c** (vgl. Lk 7,27)
Mk 1,3-5: **2b** (Summarium)
Mk 1,6: **2a** (Summarium)
Mk 1,7-9: **2c** (Summarium)
Mk 1,10-11: **3a** (die Gottessohnschaft ist hier vielleicht ein Anklang an Jesus als den grösseren in der Vorgeschichte; die Himmelstimme wird eine Parallele zur Verklärung)
Mk 1,12-13: **3a** (Summarium)

(Der Abschnitt Mk 1,1-13 wurde als eine neue Einheit gebildet)

Mk 1,14 (Gefangennahme des Johannes): **2e** (Summarium; die Begründung wurde in den Bericht über die Hinrichtung verlegt)
Mk 1,16-20: **3ba** (völlig umgeformt)
Mk 1,21-28: **Einbau des Markus** (in Anlehnung an den ersten Auftritt in Nazaret und eingeschoben zwischen die Berufung des Simon und den Aufenthalt in dessen Haus)

Mk 1,29-2,12: **3ba**
Mk 2,13-22: **3bb**
Mk 2,23-3,6: **3bc**
Mk 3,7-12: **Einbau des Markus** (Summarium 3ba; Jesus, der vor der Menge in ein Boot ausweicht ist vielleicht ein Anklang an die ursprüngliche Version der Berufung des Simon, die völlig umgeformt wurde)

Mk 3,13-19: **3d**
Mk 3,20-21: **3bb**
Mk 3,22-30: **3ba** (das Wort vom Kommen des Reiches Gottes, vgl. Lk 11,20 par, wurde weggelassen; der Abschnitt eingeschoben zwischen 3,20-21 und 3,31-35)
Mk 3,31-35: **3bb**
(Der Abschnitt Mk 3,20-35 wurde eingeschoben zwischen 3,13-19 und 4,1-9)
Mk 4,1-9: **3d** (die Adressaten sind nicht mehr die Zwölf, sondern die vielen Leute)
Mk 4,10-12 **3d** (wie 4,21 und 9,50 aus dem doppelten Vergleich mit dem Salz und Licht gebildet)
Mk 4,13-20: **Einbau des Markus**

Mk 4,21-25: **Einfügung des Markus** (die Worte Jesu sind wahrscheinlich aus der Logienquelle geschöpft; 4,21 stammt aus dem doppelten Vergleich mit Salz und Licht)
Mk 4,26-32: **3ba** (der Vergleich aus der Welt der Frauen wurde in das Gleichnis vom Wachsen der Saat umgeformt, vgl. Lk 13,18-21)
Mk 4,33-34: **Einbau des Markus**
Mk 4,35-41: **3d Hebräer-Version**
(Der Abschnitt Mk 3,13-4,41 wurde als neue Einheit gebildet)

Mk 5,1-20: **3d**
Mk 5,21-43: **3ba**
Mk 6,1-6a: **3b** (vom Beginn des eigenständigen Wirkens Jesu hierher verlegt und dort durch den Auftritt in der Synagoge von Kafarnaum ersetzt)
Mk 6,6b-13: **3d**
Mk 6,14-16: **Einbau des Markus** (eine Parallel-Bildung zum Petrusbekenntnis)
Mk 6,17-18: **2e** (aus dem Erzähl-Zusammenhang der Gefangennahme genommen)
Mk 6,19-29: **2e**

Mk 6,30-52: **3d Hebräer-Version** (Brotvermehrung) – **Hellenisten-Version** (Rettung aus Seenot; 6,51b-52 Bildung des Markus anstatt des Sohn Gottes-Bekenntnisses an dieser Stelle)
Mk 6,53-56: **Einbau des Markus** (Summarium 3ba)
Mk 7,1-23: **Einbau des Markus**
Mk 7,24-30: **3b**
Mk 7,31-37: **Einbau des Markus** (in Analogie und Parallelität zu 8,22-26)
Mk 8,1-10: **3d** (Hellenisten-Version, in Parallelität zur ersten Brotvermehrung gestellt)
Mk 8,11-13: **3bd**
Mk 8,14-21: **3d** (in Parallelität zu 6,45-52 gestellt; der doppelte Vergleich zur Sorglosigkeit wurde ersetzt durch eine Anspielung auf den Vergleich mit dem Sauerteig, der nun auf die Pharisäer bezogen wird)
Mk 8,22-26: **Einbau des Markus** (in Analogie und Parallelität zu 7,31-37)
(Der Abschnitt Mk 6,30-8,26 wurde als neue Einheit gebildet)

Mk 8,27-33: **3d inklusiv 2g Hebräer-Version**
Mk 8,34-38: **Einfügung des Markus** (die Worte Jesu sind wahrscheinlich aus der Logienquelle geschöpft)
Mk 9,1: **3b?** (dieses Wort ist so archaisch, dass es dem Ur-Evangelium entnommen sein kann)

Mk 9,2-10: **3f Hellenisten-Version** (der Auferstehungsbericht wurde hierher verlegt und zu einer Verklärung des irdischen Jesus gemacht; er wurde dabei neu gerahmt)
Mk 9,11-13: **3d** (die Bezugnahme auf Elija bildete den Anlass für die Einfügung des hellenistischen Auferstehungsberichts als Verklärung hier; der Hinweis auf das Leiden des Johannes gehörte zur Leidensankündigung)
Mk 9,14-29: **3ba**
Mk 9,30-32: **Einbau des Markus** (gliedert im Anschluss an die Zurechtweisung des Petrus, in Anspielung auf dessen dreimalige Verleugnung, die als Einschub gebildete Gemeinde-Unterweisung 8,34-10,52)
Mk 9,33-50: **Einfügung des Markus** (die Worte Jesu sind wahrscheinlich aus der Logienquelle geschöpft; das Kind, das Jesus in die Mitte nimmt, ist eine Parallel-Bildung zur 10,13-16; das Wort zum Salz stammt aus dem doppelten Vergleich mit Salz und Licht)
Mk 10,1-12: **Einfügung des Markus** (die Perikope wurde um das Logion zur Ehescheidung VV11-12 gebildet)
Mk 10,13-31: **3bd** (das Doppelgleichnis vom Annehmen des Reiches Gottes, vom Schatz im Acker und der Perle, wurde in die lehrhafte Geschichte umgeformt und die Antwort an die Jünger auf die Lohnfrage ist eine Bildung des Markus in Analogie zur Deutung des Sämann-Gleichnisses)
Mk 10,32-34: **Einbau des Markus** (gliedert im Anschluss an die Zurechtweisung des Petrus, in Anspielung auf dessen dreimalige Verleugnung, die als Einschub gebildete Gemeindeunterweisung 8,34-10,52)
Mk 10,46-52: **3ba**
(Der Abschnitt Mk 8,31-10,52 wurde als neue Einheit gebildet)

Mk 11,1-11: **3e** (V11 Einbau des Markus)
Mk 11,12-14: **3e Hellenisten-Version verbildlicht** (aus der Tempelaktion mit der Prophezeiung Mk 14,58 wurde die Prophezeiung zum Feigenbaum gemacht)
Mk 11,15-19: **3e Hebräer-Version**
Mk 11,20-25: **Einbau des Markus** (die historische Erfüllung der Tempelaktion war Anlass für die Einfügung der Worte zum Glauben, die wahrscheinlich aus der Logienquelle stammen)
Mk 11,27-33: **3e**
Mk 12,1-12: **3e** (ein Vergleich ähnlich dem im Thomas-Evangelium wurde umgeformt, indem die Propheten in christliche Märtyrer umgedeutet wurden)
Mk 12,13-17: **3bc**

Mk 12,18-37a: **Einbau des Markus** (Fragen zur Gemeinde-Unterweisung wurden mit alt-testamentlichen Zitaten begründet)
Mk 12,37b-44: **Einbau des Markus** (zur Gemeinde-Unterweisung gebildet)
Mk 13,1-37: **Einbau des Markus** (die Gemeinde-Unterweisung wurde mit Einbezug der Logienquelle gebildet unter dem Eindruck der aktuellen Ereignisse rund um Jerusalem und den Tempel)
(Der Abschnitt Mk 12,18-13,37 wurde neu gebildet und mit dem Abschnitt Mk 12,13-17 hier eingeschoben)

Mk 14,1-2: **3e** (nimmt den Faden von 12,12 wieder auf)
Mk 14,3-9: **Einbau des Markus** (entstanden durch eine Umformung der Geschichte Lk 7,36-50, die aus **3bb** stammt; diese umgeformte Geschichte, die im Rahmen eines Mahles erfolgt, wurde anstelle des letzten Mahles gesetzt, das am Tag vor dem Rüsttag, an dem man das Paschalamm schlachtete, stattfand)
Mk 14,10-11: **3e** (dieser Abschnitt wurde durch die Geschichte der Salbung von Mk 14,1-2 getrennt)
Mk 14,12-16: **Einbau des Markus** (eine Parallel-Bildung zum Einzug in Jerusalem)
Mk 14,17-26: **3e**
Mk 14,27-31: **3e Hebräer-Version**
Mk 14,32-49: **3e**
Mk 14,50-52: **Einbau des Markus** (vielleicht war der junge Mann Markus)
Mk 14,53-65: **3e Hebräer-Version mit Anspielung auf die Hellenisten-Version** (die Verurteilung wegen des Selbstbekenntnisses als Sohn Gottes wurde der Hebräer-Version, die Zitierung der Tempelprophetie der Hellenisten-Version entnommen)
Mk 14,66-72: **3e Hebräer-Version** (die Hebräer-Version wurde um das Liebesbekenntnis des Petrus und den Auftrag zum Hirtenamt gekürzt)
Mk 15,1-20a: **3e** (die Überstellung an Herodes wurde gestrichen)
Mk 15,20b-27: **3e**
Mk 15,29-32: **3e Hellenisten-Version**
Mk 15, 33-47: **3e**
Mk 16,1-8: **3f Hebräer-Version** (VV 6-8 wurden vielleicht von Markus angefügt)

Soweit wir das Ur-Evangelium und daraus die Redaktion des Evangelisten Markus rekonstruieren können, fallen neben gewissen Kürzungen vor allem die vielen Umstellungen auf, die Markus vorgenommen hat. Diese sind vor allem dem Umstand geschuldet, dass in zwei verschiedenen Versionen überlieferte Berichte in einen Erzählablauf zusammengebracht werden mussten. Dadurch ging ein wohldurchdachter Aufbau verloren. Dieser Aufbau ist es, der die Rekonstruktion überhaupt möglich macht. Es gibt bei Papias den Hinweis, dass Markus der Übersetzer des Petrus war, der die Lehren des Petrus genau niedergeschrieben hat, jedoch nicht in der gleichen Reihenfolge, wie er sie gehört hatte. Diese Aussage lässt sich auf die hier festgestellte Redaktion des Markus anwenden. Was ist gemeint mit der von Petrus gehörten Lehre, deren Reihenfolge geändert wurde? Die Änderung muss sich auf etwas beziehen, das im Bewusstsein der Kirche verankert war. Nur eine Änderung der Reihenfolge eines Lehrvortrags im wörtlichen Sinne wäre von Papias nicht ausdrücklich erwähnt worden. Es muss also etwas gewesen sein, das Geltung hatte und somit auch schriftlich vorlag. Das kann als Hinweis darauf gesehen werden, dass es vor Markus eine von Petrus autorisierte Schrift gab, die Markus zwar genau, aber nicht in der gleichen Reihenfolge niedergeschrieben hat.[50] Wenn wir Barnabas als Verfasser der vormarkinischen Schrift in Betracht gezogen haben, passt das zu dieser Sichtweise. Denn Barnabas wirkte zusammen mit Petrus in Antiochia und orientierte sich offensichtlich an ihm. Paulus schreibt ja im Galaterbrief, dass er sich wegen des Beispiels des Petrus von der Tischgemeinschaft mit den Heidenchristen zurückgezogen habe. Barnabas, der Verfasser des Ur-Evangeliums, kann von Petrus autorisiert gewesen sein. Und dass dann mit Markus ein Verwandter es übernommen hat, nach der Trennung der Kirche vom Judentum das Evangelium mit den neuen Gegebenheiten zu harmonisieren, passt auch dazu. Zudem gehörte zu dieser Neuanpassung die Aufgabe, zwei in verschiedenen Sprachen geschriebene Versionen in einer Version zu vereinen, die in beiden Sprachen verfasst wurde. Für diese komplexe Aufgabe, für die es neben der Kenntnis des Aramäischen und Griechischen auch theologische Kompetenz und ein gewisses Ansehen in der Kirche brauchte, gab es wohl nicht viele Geeignete.[51] So ist gut nachvollziehbar, dass die griechische Version des neuen Evangeliums des aus Jerusalem stammenden Markus, dessen Mutterspruche Aramäisch war, nicht sehr elegant geriet.

2. Die Bedeutung der Markus-Redaktion

Schauen wir zum Schluss einige Aspekte dessen an, was die Redaktion des Markus bedeutet:

---

[50] Mit dem Hinweis auf die Genauigkeit der Niederschrift will Papias natürlich die Autorität des Markus-Evangeliums sichern und die Wortwahl, dass Markus die Lehre des Petrus „gehört hat", bringt die Unmittelbarkeit der Autorität des Petrus im Markus-Evangelium zum Ausdruck.

[51] Zumal Markus noch dadurch für diese Aufgabe legitimiert war, weil er Jesus selber gesehen hatte, wie Mk 14,51-52 nahe legt.

1. Vorgeschichte

1a. Gegenüberstellung und Verbindung von Johannes und Jesus

Verheissung der Geburt des Johannes des Täufers trotz Unfruchtbarkeit Elisabets und Unglaube des Zacharias (vgl. Lk,1,5-25)
Verheissung der Geburt Jesu trotz Jungfräulichkeit Marias und Glaube Marias (vgl. Lk 1,26-38)

Freudige Begegnung von Johannes und Jesus im Mutterleib mit Lobgesang Marias (vgl. Lk 1,39-56)

Geburt und Beschneidung des Johannes mit prophetischem Gesang über seine Bestimmung und Hinweis auf sein Heranwachsen (vgl. Lk 1,57-80)
Geburtsgeschichte Jesu, die ihn als Messias ausweist, und Beschneidung/Darstellung Jesu im Tempel mit prophetischem Gesang über seine Bestimmung und Hinweis auf sein Heranwachsen (vgl. Lk 2,1-40)

Der zwölfjährige Jesus im Hause seines Vaters (vgl. Lk 2,41-52)

Der ganzen Vorgeschichte misst Markus keine Bedeutung mehr zu. Die Vorgeschichte versteht Jesus vom Verhältnis zu Johannes her. Wenn das Ur-Evangelium um das Jahr 50 verfasst wurde, war das noch die Zeit der ersten Christengeneration. Diese hatte die Zeit der Ereignisse um Johannes und Jesus miterlebt. Für diese Generation war es offenbar nicht ganz selbstverständlich, dass Jesus in Wirklichkeit „grösser“ war als Johannes. Markus schrieb sein Evangelium eine Generation später. Zu seiner Zeit dürfte für die Christen, die ja an Jesus glaubten und nicht an Johannes und für die deshalb die Ereignisse um Johannes etwas Vergangenes waren, die Verhältnisbestimmung zwischen Jesus und Johannes nicht mehr von Bedeutung gewesen sein. Zudem wollte Markus den historischen Jesus wohl weniger mehr von seinem jüdischen Kontext her sehen. Jesus sollte für sich selber stehen, so wie die Kirche nun für sich selber stand. Als Messias und Sohn Gottes wird Jesus im Markus-Evangelium auch ohne die Vorgeschichte gezeigt.[52]

2. Wirken und Schicksal des Johannes des Täufers

2a. Wüstenaufenthalt des Johannes

Vorbereitung des Wirkens und Kennzeichnung als der wieder gekommene Elija

[52] Die Geist-Taufe Jesu im Jordan ist Markus-Redaktion. Vielleicht hat Markus da die in der Vorgeschichte durch die Jungfrauengeburt ausgedrückte Gottessohnschaft in der Himmelsstimme zum Ausdruck gebracht.

2b. Wirken des Johannes

Umkehrpredigt und Tauftätigkeit des Johannes

2c. Zeugnis des Johannes über Jesus und Taufe des Jesus

Zeugnis des Johannes über Jesus samt Vergleich mit ihm (vgl. Mt 3,11-12 und Lk 3,15-17)

Wasser-Taufe Jesu durch Johannes (ohne Herabkunft des Heiligen Geistes) (vgl. Mt 3,13-17)

Den Bericht über das Wirken des Johannes kann Markus nicht weglassen wegen der Taufe Jesu. Da Markus die Geist-Taufe Jesu als christliche Taufe mit dem Wasser-Ritus schildert und dieser Ritus im Wirken des Johannes begründet ist, muss Markus Johannes auftreten lassen bei der Taufe Jesu. Er berichtet aber nur so viel wie gerade nötig. Dazu gehört das Zeugnis des Johannes, Jesus sei der grössere. Denn Jesus empfängt die Taufe von Johannes. So bleibt etwas von der Charakterisierung des Johannes als Vorläufer Jesu erhalten. Das ist auch in der Beschreibung der Kleidung und Nahrung der Fall, die im Ur-Evangelium einem Bericht über die Vorbereitung des Täufers auf sein Wirken angehörte.

2d. Zusammenwirken von Johannes und seinem Anhänger Jesus

Tauftätigkeit Jesu mit Johannes in gestufter Kompetenz (vgl. Joh 3,22-30)

2e. Gefangennahme des Johannes

Während Markus etwas von den Taten des Johannes erwähnen musste, konnte er den Bericht über das Zusammenwirken der beiden in gestufter Kompetenz ohne Probleme weglassen. Die Umstände, die zur Gefangennahme des Johannes führten, waren im Ur-Evangelium wohl an dieser Stelle geschildert, wie wir gesehen haben. Die Verhaftung des Johannes setzte dem gemeinsamen Wirken ein Ende und veranlasste Jesus zu einem Rückzug in die Wüste. Im Zuge der Streichung des Zusammenwirkens verband Markus die Verhaftung mit dem Beginn des eigenständigen Auftretens Jesu und verlegte die Erwähnung des Anlasses für die Verhaftung in den Bericht über die Hinrichtung.

3. Wirken und Schicksal Jesu

3a. Wüstenaufenthalt Jesu

Vorbereitung des Wirkens und Kennzeichnung als der geist-getaufte Messias

Versuchung Jesu in der Wüste als inneren Exodus (vgl. Mt 4,1-11 und Lk 4,1-12) und Taufe mit dem Heiligen Geist (vgl. die Anspielung auf Jes 11,1-9 in Mk 1,13)

Im Ur-Evangelium stand die Geist-Taufe Jesu im Zusammenhang mit den Versuchungen in der Wüste. Die Geist-Taufe war die Folge der bestandenen Proben. Mit der Verknüpfung der Geist-Taufe mit der Wasser-Taufe zu einer christlichen Taufe mussten die Versuchungen als Vorbereitung zur Geist-Taufe nicht mehr geschildert werden. Markus gibt nur noch einen kurzen Hinweis darauf als Überleitung zum Beginn des eigenständigen Wirkens Jesu.

3b. Wirken Jesu

Auftritt und Ablehnung des geist-erfüllten Jesus in seiner Heimat Nazaret (vgl. Mt 4,13 und Lk 4,16-30; Lukas dürfte auch hier die Logienquelle benützt haben)

Wirken Jesu mit folgenden Elementen (Lk 7,18-35 par nimmt darauf Bezug; Abfolge unklar)

Berufung des Sünders Simon und der Zebedäus-Söhne und Heilung von Simons Schwiegermutter in dessen Haus (vgl. Lk 5,1-11 und Lk 4,38-39 par)
Berufung des Zöllners Levi und Mahlgemeinschaft mit Zöllnern und Sündern in dessen Haus, Fastenfrage mit doppelten Vergleich Jesu (vgl. Mk 2,13-22 par)

Zeichenhafte Heilungen Jesu (entsprechend Zitat Lk 7,22)

- Blinde sehen: Bartimäus in Jericho, Mk 10, 46-52
- Lahme gehen: Gelähmter in Kafarnaum, Lk 2,1-12
- Aussätzige werden rein: Aussätziger wahrscheinlich irgendwo in Galiläa, 1,40-45
- Taube hören: der von einen stummen und tauben Geist besessene Junge, Mk 9,14-29
- Tote stehen auf: Tochter des Jairus am westlichen Ufer des Sees, Mk 5,21-43

Zuspruch der Sündenvergebung (vgl. Mk 2,5 par)

Gemeinschaft mit Sündern

- Begegnung mit der Sünderin (vgl. Lk 7,37-50)
- Jesus zu Gast bei Zachäus (vgl. Lk 19,1-10)

Zuspruch der Sündenvergebung (vgl. Lk 7,48)

Ablehnende Reaktion

Der Beelzebul-Vorwurf in Reaktion auf die Heilungen (vgl. Lk 11,14-22 par)
Vorwurf, Jesus sei von Sinnen, in Reaktion auf Gemeinschaft Jesu mit Sündern (vgl. Mk 3,20-21.31-35)

Erklärung des Wirkens im Zusammenhang mit dem anbrechenden Reich Gottes
Doppelter Vergleich mit Senfkorn und Sauerteig (vgl. Lk 13,18-21)
Doppelter Vergleich mit der verlorenen Drachme und dem verlorenen Schaf (vgl. Lk 15,3-10)

Von der Annahme des Reiches Gottes
Zeichenforderung (vgl. Mt 16,1-4)
Das Beispiel der Kinder (vgl. 10,13-16 par)
Doppelter Vergleich mit dem Schatz im Acker und der Perle (vgl. Mt 13,44-46)

Die Gebote im Dienste der Menschen
Ernten der Ähren am Sabbat (vgl. Mk 2,23-28 par)
Heilung der verkrümmten Frau am Sabbat (vgl. Lk 13,10-17)
Heilung eines Wassersüchtigen am Sabbat (vgl. Lk 14,1-6)
Heilung des Mannes mit der verdorrten Hand mit Beschluss gegen Jesus (vgl. Mk 3,1-6 par)
Warnung Jesu und Klageruf über Jerusalem (vgl. Lk 13,31-34)
Wirken Jesu ausserhalb Israels über seine eigentliche Berufung hinaus (vgl. Mk 7,24-30 par)

Im Ur-Evangelium erscheint hier Jesus in Anlehnung an den historischen Jesus als charismatisch wirkender Mann. Im antiken Verständnis konnten seine Wunder jedem charismatischen Menschen zugeschrieben werden. Seine Gegner stellten sie nicht infrage, sondern schrieben sie dem Beelzebul zu. Die Nähe zur Historizität zeigt sich auch im Bericht der Totenerweckung, die eine messianische Verheissung erfüllen soll. Die Tochter des Jaïrus ist nicht wirklich tot, sondern scheintot. Sie schläft nur, sagt Jesus. Dass der historische Jesus ausdrücklich die Vergebung der Sünden zugesprochen hat, ist zu bezweifeln. Er hat die Vergebung durch die Heilungen und die Tischgemeinschaft zum Ausdruck gebracht. Das Ur-Evangelium macht da also etwas Implizites explizit, wohl auch aus der nach-österlichen Deutung des Lebens Jesu heraus. In diesem Abschnitt des Ur-Evangeliums bricht also im Wirken des Zimmermanns-Sohnes aus Nazaret das Reich Gottes an, das von den Menschen verstanden und ergriffen sein will. Was Markus aus diesem Abschnitt gemacht hat, dazu wird in einer Gesamtschau über Jesu Wirken weiter unten etwas gesagt.

3c. Zeugnis Jesu über Johannes

Zeugnis Jesu über Johannes samt Vergleich mit ihm (vgl. Lk 7,18-35 par)

2e. Hinrichtung des Johannes

Hinrichtung und Bestattung des Johannes (vgl. Mk 6,17-29)

3d. Zusammenwirken von Jesus und seinen Jüngern mit folgenden Elementen (Abfolge unklar)

Wahl der zwölf Apostelpaare (vgl. Mk 3,13-19 par)
Doppelter Vergleich mit den verschiedenen Böden/Krügen (vgl. Mk 4,3-8 par und Thomas-Evangelium Logion 97 im Zusammenhang mit dem Logion 96)
Aussendung der zwölf Apostelpaare (vgl. Mk 6,6b-13 par)
Rückkehr der Apostel und Vermehrung von deren Broten (vgl. Mk 8,1-9 par)
Die sich sorgenden Apostel (vgl. Mk 8,14-21)
Doppelter Vergleich mit den Lilien des Feldes und den Vögeln des Himmels (vgl. Lk 12,22-31 par)
Austreibung einer Legion Dämonen unter den Heiden (vgl. Mk 5,1-20)
Doppelter Vergleich mit dem Salz und dem Licht (vgl. Mt 5,13-16 par)
Rettung aus Seenot mit Seewandel Jesu, Versuch des Petrus und dessen Rettung (vgl. Mt 14,22-32)
Alternative Rettung des Bootes aus Seenot (durch das Wort Jesu): vgl. Mk 4,35-41 par
Alternative zum versuchten Seewandel des Petrus: Verleugnung Jesu trotz früherer Beteuerung und anschliessend liebender Blick Jesu, vgl. Mk 14,26-3 und Lk 22,54-61)
Sohn Gottes-Bekenntnis des Petrus und Fels-Wort Jesu (vgl. Mt 16,13-20)
Alternatives Bekenntnis des Petrus (Messias-Bekenntnis): vgl. Mk 8,27-30, alternatives Sohn Gottes-Bekenntnis (Selbstbekenntnis Jesu vor der jüdischen Kammer): vgl. Mk 14,61-64 und Alternative zum Fels-Wort Jesu: Auftrag Jesu zum Hirtenamt: vgl. Joh 21,15-17

2f. Vermeintliche Auferstehung des Johannes
Jesus wird für Johannes den Täufer gehalten (vgl. Mk 8,28 par)

Frage nach Elija mit Hinweis auf die Passion des Johannes und Ankündigung des Leidens des Menschensohnes (vgl. Mk 9,11-13 und Mk 8,31)
Zurechtweisung des Petrus (vgl. Mk 8,32-33)
Zurechtweisung der Zebedäus-Söhne (vgl. Mk 10,35-40)

In diesem Abschnitt werden übermenschliche Wunder Jesu berichtet, die sich auf nach-österliche Ereignisse beziehen. Die zwölf Apostel stehen für die Kirche als eine neue Sammlung Israels, und der irdische Jesus für den Auferstandenen. Die nachösterliche Kirche ist also, um der Parallele zum Zusammenwirken des Johannes mit Jesus willen, in die vor-österliche Szenerie transponiert, während der Jesus mit seinem

Kreis von Jüngerinnen und Jüngern zusammen war und wirkte. Wenn die Wunder Jesu zum Sohn Gottes-Bekenntnis des Petrus führen, hat das in dieser Transponierung seinen Grund. Historisch hat wohl die Auferstehung Jesu zum Sohn Gottes-Bekenntnis der Kirche geführt. Mit der Transponierung des nach-österlichen Sohnes Gottes in den Menschen Jesus, durch die Jesus als göttlicher Mensch erscheint, geschah im Ur-Evangelium schon eine gewisse Akkulturation des christlichen Glaubens in Bezug auf die antike Umwelt. In dieser gab es den als göttlich geltenden Menschen, in dem Wunderkräfte wirken. Aber im Ur-Evangelium ist es noch so, dass die Transponierung sich auf einen eigenen Abschnitt bezieht.

Im Markus-Evangelium schreitet die Akkulturation, die im Ur-Evangelium anhebt, weiter voran. Zum einen konnte die jüdische Tradition mit ihrer strikten Trennung des Wesens Gottes und des Menschen zum Verständnis der Menschwerdung Jesus kaum Denkhilfen anbieten, während antike Traditionen sich dazu gerade aufdrängten. Zum andern war das Sohn Gottes-Bekenntnis ein wesentlicher Punkt im Glauben der Kirche, weswegen sie vom Judentum bekämpft wurde. Mit der Trennung der Kirche vom Judentum wurde dieser unterscheidende Punkt für die Kirche noch wesentlicher, weil identitäts-stiftend. Der Sohn Gottes trat so mehr in den Vordergrund und begann wegen des antiken Verständnis-Horizontes den schlichten Zimmermanns-Sohn aus Nazaret zu absorbieren.[53] Im Markus-Evangelium zeigt sich das darin, dass das charismatische Wirken des Menschen Jesus nicht mehr abgehoben ist vom Wirken des auferstandenen Sohnes Gottes. Das Wirken beider vermischt sich. Der Mensch Jesus büsst seine Eigenständigkeit gegenüber dem auferstandenen göttlichen Jesus Christus weitgehend ein. Und damit verliert auch das Reich Gottes, das im Menschen Jesus angebrochen ist, weitgehend seine Eigenständigkeit als irdische Realität. Das Reich Gottes beginnt bei Markus eine irdische, halb überirdische Wirklichkeit zu sein, so wie Jesus beginnt, ein übermenschliches Wesen zu sein, in dem Göttliches und Menschliches vermischt sind. Später hat die Kirche zwar klar gelehrt, dass in Jesus Menschheit und Gottheit nicht vermischt sind. De facto wurde der Jesus von Nazaret in der christlichen Tradition aber fast immer als ein göttlicher Mensch gesehen. Es geht jedoch nicht darum, Jesus vom auferstandenen göttlichen Christus zu trennen, sondern die beiden klar auseinander zu halten. Jesus hat sich seiner Gottheit entäussert, hat seine Gottheit losgelassen, zurückgelegt und ist uns Menschen gleich geworden, heisst es im Philipper-

[53] Zu dieser Entwicklung hat sicher auch der Umstand beigetragen, dass mit wachsendem zeitlichem Abstand zum historischen Jesus die lebendige Empfindung für den Abstand zwischen dem historischen Jesus vom Sohn Gottes schwächer wurde.

Hymnus.[54] Zudem hat das Markus-Evangelium mehr Unterweisungs-Charakter als das Ur-Evangelium. An die Stelle der Veranschaulichung des Reiches Gottes aus einem gegebenen Anlass heraus tritt eine ganze Rede mit Gleichnissen, die zu unterschiedlichen Situationen passen. Und an die Stelle des Vergleichs vom Schatz im Acker bzw. von der Perle, der zum eigenen Verstehen herausfordert, tritt die Erzählung vom reichen Jüngling mit einer direkten Anweisung zu einem bestimmten Handeln. Diese Tendenz bei Markus steht wohl in folgendem Zusammenhang: Das Ur-Evangelium ist sehr stark vom unmittelbaren Jesus-Ereignis geprägt. Jesus begegnete als Mensch den Menschen auf Augenhöhe, auch wenn er für sein Tun die Autorität Gottes beanspruchen konnte. Er gab wohl weniger Anweisungen, sondern wirkte durch seine Person und forderte im Zusammenhang mit konkreten Anlässen zum eigenen Verstehen und zur eigenen Entscheidung heraus. Im Markus-Evangelium wird der Mensch Jesus vom Sohn Gottes absorbiert. In dem, was Jesus da sagt und tut, schwingt stärker eine göttliche Autorität mit. Die Worte und das Beispiel Jesu laden zum Befolgen ein.

Des Weiteren verliert Petrus bei Markus viel von seiner herausragenden Stellung, die er dank der Schlichtung des Streites auf dem sogenannten Apostelkonzil innehatte. Bei der Berufung steht er nicht mehr so im Zentrum und das Wort vom Felsen, bzw. der Auftrag zum Hirtenamt gilt ihm nicht mehr. Das liegt daran, dass er inzwischen den Tod erlitten hat. Er steht nun mehr für einen Apostel ganz allgemein. Darum berichtet Markus nicht mehr den versuchten Seewandel, der auf eine ganz bestimmte historische Situation Bezug nahm, sondern beschreibt die Verleugnung, die Ausdruck einer grundmenschlichen Reaktion ist. Auch die Rettung aus Seenot und die Brotvermehrung sind weniger mehr nur auf die einstigen Ereignisse bezogen, sondern haben nun auch typologischen Charakter. Darum können sie an verschiedenen Stellen überliefert werden.

3e. Passion und Hinrichtung Jesu

„Königlicher" Einzug in Jerusalem

Prophetisches Wort gegen den Tempel (vgl. Mk 14,58 und 15,29-30)
Alternative Tempelaktion (Tempelreinigung): vgl. Lk 19,45-46

[54] Wie weit die Zwei-Naturen-Lehre zu Jesus zum Glaubensverständnis Jesu Christi darum wirklich hilfreich ist, müsste meiner Ansicht nach neu geprüft werden. Die Menschwerdung steht also jenseits der strikten Trennung Jesu von Gott und jenseits einer Vermischung der menschlichen und göttlichen Sphäre. Mit der Loslösung vom Judentum geriet die Kirche einseitig unter den Einfluss der antiken Denkwelten. Das dürfte ein Grund dafür sein, dass die nicht hellenistischen Judenchristen sich mehr und mehr von der offiziellen Linie der Kirche entfernten und in deren Sicht zu Sekten wurden.

Beschluss gegen Jesus (vgl. Lk 19,47-48)

Vollmachtfrage (vgl. Mk 11,27-33 par)

Gleichnis von den Winzern (vgl. Version des Thomas-Evangeliums)

Verrat des Judas (vgl. Mk 14,1-2.10-11 par)

Letztes Mahl am Tag vor dem Rüsttag zum Paschafest (vgl. Mk 14,17-25)

Als Teil der Alternative zum versuchten Seewandel des Petrus: seine Beteuerung, vgl. Mk 14,26-31

Wache am Ölberg mit Petrus und den Zebedäus-Söhnen (Mk14,32-42)

Gefangennahme (Mk 14,43-50)

Als Teil der Alternative zum versuchten Seewandel des Petrus: seine Verleugnung Jesu und liebender Blick Jesu, vgl. Lk 22,54-61
Als Alternative zum Sohn Gottes-Bekenntnis des Petrus und Fels-Wort Jesu: Liebesbekenntnis des Petrus und Auftrag zum Hirtenamt Jesu: vgl. Joh 21,15-17

Vorführung vor die jüdische Kammer, Verurteilung wegen des prophetischen Wortes gegen den Tempel und Verspottung als Prophet (vgl. Mk 14,58 und 14,65)
Alternative Vorführung vor die jüdische Kammer: Verurteilung aufgrund des Sohn Gottes-Selbstbekenntnisses, vgl. Lk 22,66-71
(dieses Sohn Gottes-Selbstbekenntnis ist zusammen mit dem Messias-Bekenntnis des Petrus Mk 8,27-30 zugleich die Alternative zum Sohn Gottes-Bekenntnis des Petrus: vgl. Mt 16,16)

Vorführung vor die römische Kammer (vgl. Mk 15,1-5)

Überstellung an Herodes (vgl. Lk 23,6-10)

Vorführung vor die römische Kammer, Verurteilung wegen des Vorwurfs, Anspruch auf eine Königsherrschaft zu erheben und Verspottung als König (vgl. Mk 15,6-20a)

Kreuzweg und Kreuzigung (vgl. Mk 15,20b-27)

Verhöhnung als Prophet und König am Kreuz (vgl. Mk 15,29-32)
Alternative Verhöhnung ohne Hinweis auf das Tempelwort, vgl. Lk 23,35-37

Tod (Mk 15,33-41)

Begräbnis (vgl. Mk 15,42-47)

In diesem Teil folgt das Markus-Evangelium viel eher dem Ur-Evangelium als in dem Teil, der das Wirken Jesu vor dem Einzug in Jerusalem beschreibt. Abzusehen ist dabei vom Abschnitt Mk 12,13-13,37. Hier hat man noch den Eindruck eines zusammenhängenden Berichts. Beim Wirken vor dem Einzug in Jerusalem ist durch all die Umstellungen und Einfügungen der Eindruck entstanden, Markus hätte ganz verschiedene Überlieferungen zusammen gebündelt. Darum wird oft vermutet, der Bericht über die Tage in Jerusalem sei eine eigenständige Erzählung gewesen, dem anderer Stoff vorangestellt wurde. Es ist erstaunlich, wie es Markus gelingt, die zwei gegensätzlichen Um-Interpretationen der Tempelaktion unter einen Hut zu bringen. Offenbar war diese Frage von so grosser Bedeutung, dass Markus unbedingt eine schriftstellerische Lösung finden musste.[55] Die unterschiedliche Darstellung bei Markus und Lukas, wie Jesus der jüdischen Kammer vorgeführt wird, liess die Frage aufkommen, ob historisch ein Verhör oder ein Prozess mit Zeugenaussagen stattfand. Diese Frage erübrigt sich. Markus benutzt Zeugenaussagen nur, um das Tempelwort der Hellenisten-Version zu thematisieren, das auf die symbolische Prophezeiung über den Feigenbaum anspielt.[56] Theologisch bedeutsam ist an der Markus-Redaktion die Verlegung des letzten Abendmahles auf das Paschamahl.

3f. Auferstehung Jesu

Auferstehungs-Erfahrung dargestellt in der Erscheinung Jesu in gewandelter menschlicher Gestalt in leuchtend weissen Kleidern
(vgl. Mk 16,1-4… und Mk 9,2-7)
Alternative Darstellung der Auferstehungs-Erfahrung (Hinweis des Engels in weissem Gewand auf die Leerstelle im Grab): vgl. Mk 16,1-6

Markus erwähnt Petrus in Vers 7 vielleicht besonders, weil er das Wort Jesu vom Fels bzw. den Auftrag zum Hirtenamt weggelassen hat. Hier ist interessant zu sehen, dass die Hebräer-Version der Auferstehungs-Erfahrung in Mk 16,1-6 schon sehr früh als ungenügend empfunden wurde. Das Christentum ist schon im 2. Jahrhundert ganz in die Bewusstseinswelt der Antike eingetaucht. Es hat sich von der Welt des Judentums mit seiner strikten Trennung von Gott und Mensch losgelöst. Dieser Übergang bedeutete einen gewissen Traditionsbruch und machte eine Ergänzung des Auferstehungsberichts nötig.

[55] Diese Lösung mit der Umrahmung der Tempelaktion ist aber auch der historischen Erfüllung der Tempelprophezeiung geschuldet, wie wir gesehen haben.

[56] Als Falschaussage erweist sich diese Zeugenaussage, damit Jesus zugunsten der Hebräer-Fassung nicht deswegen verurteilt wird, sondern wegen des Anspruchs, der Sohn des Hochgelobten zu sein.

Eine Schlussbemerkung

Das Selbstverständnis der Kirche als das neue Israel ist eine Selbst-Definition. Das heisst, die Kirche bekommt bei Markus ein definitorisches Selbst-Verständnis.[57] Alles, was darauf aufbaut, ist davon geprägt. Dass die Kirche so vieles im Glauben definierte, beruht zum Teil auf dieser Gegebenheit, scheint mir. Dieses definitorische Selbst-Verständnis war einer Not entsprungen. Zu einem natürlicheren Selbst-Verständnis kann die Kirche finden, wenn sie sich mit ihrem Ursprung versöhnt, die Abgrenzung zum Judentum überwindet. Denn Definition entsteht durch Abgrenzung und ist ihrem Wesen nach immer auch Abgrenzung.

[57] In diesem Zusammenhang ist zu beachten, dass Lukas in der Apostelgeschichte die Kirche seiner Zeit auf den auferstandenen Christus zurückführt, ohne den Bruch mit dem Judentum zu thematisieren. Das heisst, implizit wird die Kirche als das neue Israel auf die Urkirche zurückgeführt. Das ist unhistorisch. Präzise gesagt: Der Auferstandene hat nicht die Kirche gegründet, sondern mit der neuen Sammlung Israels begonnen. Im Ur-Evangelium kommt das durch die Rückprojektion der Urkirche in den vor-österlichen Zwölferkreis um Jesus zum Ausdruck, wo Jesus mit der Neusammlung Israels beginnt.

Literatur

Ebner, M., Jesus von Nazaret in seiner Zeit. Sozialgeschichtliche Zugänge, Stuttgart 2003.

Theissen, G./Merz A., Der historische Jesus. Ein Lehrbuch. Göttingen 1996.

Printed by Books on Demand GmbH, Norderstedt / Germany